现代化进程中的
农村金融制度研究

陆彩兰 / 著

中国财经出版传媒集团

经济科学出版社

Economic Science Press

图书在版编目（CIP）数据

现代化进程中的农村金融制度研究/陆彩兰著．
—北京：经济科学出版社，2017.5
ISBN 978 - 7 - 5141 - 7842 - 5

Ⅰ.①现… Ⅱ.①陆… Ⅲ.①农村金融 - 金融制度 -
研究 - 中国 Ⅳ.①F832. 35

中国版本图书馆 CIP 数据核字（2017）第 051158 号

责任编辑：于海汛 李 林
责任校对：郑淑艳
责任印制：潘泽新

现代化进程中的农村金融制度研究
陆彩兰 著
经济科学出版社出版、发行 新华书店经销
社址：北京市海淀区阜成路甲 28 号 邮编：100142
总编部电话：010 - 88191217 发行部电话：010 - 88191522
网址：www. esp. com. cn
电子邮件：esp@ esp. com. cn
天猫网店：经济科学出版社旗舰店
网址：http：//jjkxcbs. tmall. com
北京汉德鼎印刷有限公司印刷
三河市华玉装订厂装订
710 × 1000 16 开 12.5 印张 200000 字
2017 年 5 月第 1 版 2017 年 5 月第 1 次印刷
ISBN 978 - 7 - 5141 - 7842 - 5 定价：38.00 元
（图书出现印装问题，本社负责调换。电话：010 - 88191510）
（版权所有 侵权必究 举报电话：010 - 88191586
电子邮箱：dbts@ esp. com. cn）

P序
reface

　　陆彩兰博士是我直接指导的博士生。她在博士论文的基础上撰写了《现代化进程中的农村金融制度研究》一书。在为本书作序时，我要对正在推进的农业现代化问题阐述一下我的一些认识。

　　所有国家的现代化都会面对农业和农民问题。中国的农业现代化与其他现代化国家有共性，又有自身特殊的国情。中国现代化的起点同其他发展中国家一样是典型的二元结构，现代工业与落后的农业并存。而且我国是在传统农业部门没有得到根本改造时提前发动工业化的。从20世纪80年代开始以发展乡镇企业为标志推进了农村工业化和城镇化。其对"三农"发展的带动作用表现在，以非农化解决农业问题，以城市化解决农村问题。以劳动力转移解决农民问题。其效果非常明显，工业化进程大大加快，城镇化进程大大加快，农业、农民和农村的发展水平也比过去大大提高。但是其对"三农"的负面作用也很明显，一是过度吸纳了土地、劳动力等农业发展要素（虽然相当多的是剩余的）。二是工业和城市由于得到"三农"的支持而发展更快，因此工农差距、城乡差距不但没有缩小，还在进一步扩大，突出反映在：（1）农业生产方式落后，农产品不能满足人民群众日益增长的需求；（2）农民收入太低，农民消费能力太低；（3）农村居民的生活条件严重落后于城市。

　　在历史进程中工业化可能会丢弃"三农"，而在工业化基础上的现代化就不能丢弃"三农"。就如习近平所说，即使将来城镇化达到70%以上，还有四五亿人在农村。农村绝不能成为荒芜的农村、留守的农村、记忆中的故园。城镇化要发展，农业现代化和新农村建设也要发展，同步发展才能相得益彰。① 因此，在新的历史起点上推进"三农"现代化，不能只是靠非农化和城镇化，而是要直接以农业、农民和农村为发展对象。在这个过程中，工业和城市对"三农"的反哺是特别重要的。

农业现代化的目标涉及两个方面：一是从根本上改变其落后的生产方式和经营方式，不只是提高劳动生产率，还要提高包括资本、劳动、土地在内的全要素生产率，从而提高农民收入。二是基于农业在国民经济中的基础地位，农业现代化要满足全社会现代化进程中不断增长的对农产品的量和质的需要。

我国的二元结构不仅表现在现代工业和传统农业的结构，还表现在现代城市和落后的农村的结构。与农业弱势相一致，广大而又分散的农村无论是基础设施还是教育、文化和医疗设施都处于落后状态，农民在农村享受不到城市人享受的现代社会方式和文明。

尽管现代化的进程对不同行业不同区域可能是有先有后的进程，但一个国家或一个地区的现代化应该是整体性的。根据木桶原理，现代化的整体水平最终是由"短板"决定的。我国现代化的短板和难点在农业、农民和农村的落后。因此现代化的核心问题是克服二元结构，包括城乡二元结构、工农业二元结构，使农业和农村进入一元的现代化经济。

已有的农村工业化和城镇化只是在转移出农业剩余劳动力的基础上提高农业生产力，只是在乡镇企业发达的区域的农村城镇实现城市化，没有从改变上改变农业和农村的落后状态。现在推进的现代化则需要从根本上克服农业的弱势状态，改变农村的落后状态。

农村现代化的目标是城乡一体化。一体化不是消灭农村，更不是消灭农业，而是克服城乡之间的经济社会发展水平的差距，消除要素流动的制度性障碍，在城乡之间按照产业本身的自然特性而形成的产业分工与产业布局。城乡一体化涉及城乡规划、就业服务、社会保障、公共服务、城市管理"五个一体化"。面对分散化的农村村落和城镇，城乡一体化需要有序开展村庄布局调整和土地整治，继续推动工业向园区集中、人口向城镇集中、居住向社区集中、土地向适度规模经营集中，在此基础上建设现代化的社会主义新农村。

---

① 习近平. 农村绝不能成为荒芜的农村. 2013 年 7 月 22 日.

农民现代化的目标是培养新型职业农民。发展现代农业不能只是靠现有的留在农村的以老人和妇女为主体的农民，而要靠通过人力资本投资培养的新型职业农民。其前提是农民城镇化，从而实现人的现代化。由农民到市民，不只是生活方式问题，更重要的是接受现代文化的教育，接受现代市场经济的熏陶。因此，农民市民化是克服城乡差距的根本。

党的十八大召开以来，城镇化被提高到"现代化应有之义和基本之策"的地位。现代化对我国的城镇建设的要求是增强城镇的产业发展、公共服务、吸纳就业、人口集聚功能。以此来满足三方面要求：一是吸引大中城市转移的产业和人口进入城镇，以推进城市现代化；二是吸引周边农民进入城镇，享受市民权利，实现人的城镇化；三是集聚发展要素推进周边农业现代化。

城镇化的核心是农民的城镇化，也就是农民的市民化，进一步说是农民的现代化。妨碍农民市民化的主要说明因素是城乡二元体制。一是相对于城市，农村的市场经济发展程度太低，自然经济和半自然经济所占比重仍然较高。各类生产要素的市场基本上集中在城市，而不在农村。农民不能作为平等的主体进入各类生产要素市场。二是长期存在的城乡分割的户籍制度，将居民分割为城市居民和农村居民，城镇户口和农业户口。农村居民，农村户口明显低人一等。

推进城乡一体化，克服城乡二元体制，关键是把城市的市场化水平"化"到农村。一是通过扩大农村社会分工，克服自然经济及其残余，使农村尽快赶上城市的市场经济水平。二是打破城市与乡村的体制分治，关键是克服城乡之间的要素分割体制。基于各种生产要素市场集中在城市不可改变的现实，打破城乡之间的要素分割体制。建立城乡一体的要素市场，需要创造包括农村市场主体在内的各类市场主体平等进入生产要素市场的环境，消除要素在城乡之间自由流动的各种体制和政策性障碍，做到城乡就业同工同酬，城乡土地同地同价，城乡产品同市同价。

农民市民化需要由政府提供的公共服务导向，也就是以解决基本公共服务的城乡不均等为抓手。现在许多方面的公共服务只有进城才能享受到。这就产生农民进城获取市民权利的趋势。其结果是城市的各种福利水平会严重下降，由此产生农民市民化的社会代价。克服这种代价的途径是将提供给市民的机会和设施安排到农村城镇去，把高质量的教育、文化医疗设施办到农村城镇，增加农村城镇的公共产品和公共设施的供给。由此解决农民不进入城市就能享受到各种市民的权利，其生活方式与城市人基本没有差别。

首先是解决好农民对文化、教育、医疗和公共交通等公共服务的支付能力。文化、教育、医疗、公共交通等属于非纯公共产品：一方面需要政府负担其一部分费用，另一方面又要求享用者支付一部分费用。由此产生的问题是由支付能力的差别产生享用公共服务的差别。收入越高，支付能力越强，享用的公共产品越多，反之，收入越低支付能力越低（主要是农民），享用到的公共产品越少，甚至享受不到。因贫困而失学，因贫困而缺医少药等情况基本上都出现在农村。这就提出享用公共产品和服务不仅要求谁享用谁付费的横向公平，还要推进纵向公平，按照支付能力支付享用公共服务的费用。通过公共财政的支持，使低收入者和贫困家庭也能享用基本公共服务。现在正在推进的农村免费义务教育就是在一定程度上解决低收入家庭的就学问题。

其次是解决好不同区域的财政能力。基本公共服务是要由财政支付的。由于不同地区的财政能力与各自的经济发展水平相关。也就是说，某个地区以 GDP 反映的经济发展水平越高，地方财力越强，公共产品的供给能力越强，该地区的生活和居住条件越优，反之则越劣。在现有的价格水平、现有的投入和现有的发展条件下，靠农村的 GDP 水平以及与之相关的财政税收收入和居民收入，无论如何不可能使农村生活条件达到城市水平，反而造成恶性循环：收入水平低——居住条件差——人力资本减少——收入水平更低。……显然，要使农村居民的生活和居住条件与城市居民平等，至少在现阶段，需要改变长期依据各地的 GDP 反映的经济发展水平来决定各地的居住和生活水平的思路和相关政策，如加大转移支付的力度，使生活在不同区域的人民享有大体相等的生活水平和公共服务。

最后是克服所有制障碍。长期以来城乡分割实际上是城乡之间不同所有制的分割。城市土地国有，农村土地集体所有；城市居民大多是国有企业职工，农民是集体的甚至是个体的。由此产生的鸿沟是，国家可以对城市直接投入，而不能对农村直接投入。城市可以统筹医疗，但农村只能合作医疗；城市可以建立政府介入的社会保障账户，而农村还没有。市场化改革发展到今天，无论是城市还是农村都已经是多种所有制经济并存，政府也不只是国有制经济的代表，而是全民的代表。因此政府对农民的支援不要再受所有制限制，特别是政府介入的社会保障应该惠及农民。这样，建立城乡平等的社会保障体系成为农民市民化的重要方面。

以上"三农"现代化的目标和途径是在农村工业化和城市化达到较高水平的基础上提出的。归结起来，农业现代化突出建立在科技进步基础上的农产品品质的现代化；农村现代化突出在城乡一体化基础上的农村生活和居住环境的现代化，农民现代化突出在城镇化基础上的农民市民化。在这个高度上推进"三农"现代化，需要外力推动，需要建立以工促农、以城带乡、工农互惠、城乡一体的新型工农、城乡关系。

中国特色社会主义现代化是新型工业化、信息化、城镇化和农业现代化同步发展的现代化。但农业现代化是这"四化同步"的短板。补齐这个短板需要多方面努力。其中重要的方面是推进农村金融制度的创新与发展。本书基于我国的现代化进程，对农村金融制度面临的障碍等相关问题进行了研究。综观全书主要有以下几个贡献：一是提出了农业现代化对农村金融制度的需求。在农业现代化进程中，农村金融需求来自两个方面：(1) 农民生产生活方式变化所引起的个别需求；(2) 农业现代化外在条件变化所引起的公共需求。二是总结了农村金融制度所面临的金融供求障碍。第一个障碍是农村金融供给约束。第二个障碍是农村金融需求抑制。三是基于新型农业经营主体视角对农村金融市场主体进行了分析。新型农业经营主体不仅有利于农村经济结构优化和发展水平的提高，同时还可以为农村金融发展创造良好的经济环境，增强农民增收的实力，加快实现农业现代化。四是分析了正规金融支农的有效性。正规金融支农改革只有兼顾传统社会与现代科学技术之优势，不断拓展创新思路，才能探索出既符合我国农村实情又具有现代信息化特征的正规金融支农模式。五是构建了农村非正规金融组织的转型模式。正规金融支农供给的不足，给农村非正规金融提供了一个广阔的发展空间。对于农村非正规金融，我们绝不能简单地肯定或否定甚至取缔它，而应当以政府为主导，围绕"三农"的金融服务需求，赋予非正规金融组织合法地位，并将其纳入金融监管体系，以满足那些被正规金融排斥在外的需求者的需要。

总的来说，研究现阶段我国农村金融制度的改革和完善，既需要有深厚的经济学功底，也需要有丰富的金融学知识，还要全面了解我国农村的实际。本书可以说是这几个方面的结合。因此，在本书出版之际，我欣然为本书作序，希望我国农村金融体制改革能够为我国农业现代化起到重大的推动作用。

南京大学经济学院 教授、博士生导师

2016 年 12 月 20 日于南京大学

　　自 20 世纪 60 年代至 70 年代初，雷蒙德·W·戈德史密斯、爱德华·S·肖、罗纳德·I·麦金农等西方经济学家提出金融发展理论以来，对农村金融发展理论的研究主要经历了农业信贷补贴论、农村金融市场论、不完全竞争市场理论和局部知识论等一系列理论。这些农村金融发展理论大多来源于实践经验的总结，其理论发展往往表现为一种试错过程，对完善农村金融制度具有指导和借鉴作用。

　　当前，我国正处于深化改革的关键时期，新型工业化、信息化、城镇化和农业现代化的协调发展是新一轮改革的内在要求。然而，如何在现代化进程中实现我国农村金融制度的创新与发展，却是一个值得深思和探索的问题。在我国，新型工业化可以为社会创造巨量的资本积累。与此同时，城镇化则将城市功能向城镇扩散和渗透，通过城市工业的扩张来吸纳农村剩余劳动力，集聚农村分散的各种生产要素，带动农村经济、技术、基础设施、农民生活方式和价值观念的变革，为最终实现农业现代化创造条件，并进一步扩大农业现代化对金融的需求。基于上述原因，本书对以下几个方面进行了研究：

　　一是农业现代化对农村金融制度的需求。对农村金融制度的需求衍生于对农村金融的需求，农业现代化对农村金融有着不断扩大的需求。在农业现代化进程中，农村金融需求来自两个方面：(1) 农民生产生活方式变化所引起的个别需求；(2) 农业现代化外在条件变化所引起的公共需求。无论是个别的金融需求还是公共的金融需求，都与我国城镇化发展密切相关。根据生产关系一定要适应生产力的规律，农业现代化的发展需要现代化的农村金融体系为之提供服务。高投入是农业现代化的重要条件。如果没有足够的金融支持，资本和智力之源都难以尽快流动到相对落后的农村。金融发展通过储蓄效应、投资效应和资源配置（投资效率）效应，产生资本形成、资源配置和技术创新传导机制，对农业现代化发挥作用。

二是农村金融制度所面临的供求障碍。第一个障碍是农村金融供给约束。从目前来看，农村资金主要来源于农民的自筹资金和外部的资金注入。作为农村资金的供给者，传统农户主要通过储蓄方式提供资金，但难以有更多剩余资金留存于储蓄。在市场化经营目标下，现有金融中介体系对农村的资金供给明显不足。农村金融制度发展面临的第二个障碍是农村金融需求抑制。现阶段我国农村经济是典型的小农经济，农户总体借贷需求不高，即使有借贷需求，更希望向正规金融机构借贷，但实际上却难以获得正规借款。信贷需求的抑制导致农户生产经营方式比较保守，创业和改善生产的动力不足，因而始终难以走出贫困的低水平循环陷阱。

三是农村金融市场主体分析：新型农业经营主体的视角。长期以来，分散化经营模式造成了农户的市场弱势和组织弱势，但农业不是天然的弱质产业，农民是理性的生产者，也追求自己的利益最大化，能够按照价格信号调节自己的行为。因此，农业与其他行业一样，都是市场机制下的平等行业，可以培育出有竞争实力的市场主体。新型农业经营主体则顺应了现代农业的发展趋势，代表着我国农业经营体制和机制的创新，具有较强的市场竞争能力，在经营活动中显示出较强的农村金融资源聚集能力，成为农村金融市场的中坚力量，能够胜任现代农业发展的重任。国内外经验表明，新型农业经营主体不仅有利于农村经济结构优化和发展水平的提高，还可以为农村金融发展创造良好的经济环境，增强农民增收的实力，加快实现农业现代化。

四是正规金融支农有效性分析。现阶段，我国的正规金融没有发挥支持农业和农村经济发展的功能。从金融资源配置功能角度来看，判断一国或地区的正规金融制度是否完善和健全，可以用适应性标准、效率性标准和完备性标准来衡量。我国农村金融制度的发展现状与三个衡量标准相差很远。正规金融支农之所以有效性不足，有着显然的制度根源。对此，在我国经济转型期，应对正规金融支农功能进行重构与定位。当然信息不对称、抵押品缺乏、信用体系缺失等是我国农村信贷市场区别于城市金融市场的主要特征。而且，随着农业现代化进程的加快，我国的传统农户也将逐步转型为新型农业经营主体。正规金融支农改革只有兼顾传统社会与现代科学技术之优势，不断拓展创新思路，才能探索出既符合我国农村实情又具有现代信息化特征的正规金融支农模式。

五是农村非正规金融组织转型分析。正规金融支农供给的不足，给农村非正规金融提供了一个广阔的发展空间。然而，农村非正规金融的存在是一把"双刃剑"，在发挥其优势的同时，也会产生一定的负面效应。因此，对于农村非正规金融，我们绝不能简单地肯定或否定甚至取缔它，而应当以政府为主导，围绕"三农"的金融服务需求，赋予非正规金融组织合法地位，并将其纳入金融监管体系，完善非正规金融并充分发挥其显著优势，以满足那些被正规金融排斥在外的需求者的需要。根据我国实情，构建农村非正规金融的转型模式，使之更好地为农村经济发展服务。

六是政府对农村金融的支持分析。发挥市场在配置资源中的决定性作用和更好地发挥政府作用，是我国在经济金融发展过程中对政府与市场关系认识的深化，也是我国新阶段对政府与市场关系的重新定位。目前，政府与市场的关系理论已被应用于我国各种问题的研究。我国农村金融市场存在着市场和政府的"双失灵"现象，而且制度文化和农村金融市场特殊性也有一定的影响。市场在资源配置中发挥决定性作用，有利于政府职能的转变。但市场在资源配置中起决定性作用，并不是全部作用，也不意味着市场是万能的。市场在微观领域的资源配置中起决定性作用，而政府职能则应该限制在宏观领域，更明确地定位为完善和健全市场经济体制，完善公平竞争的生态环境、对市场主体和活动实施监管、做好"守夜人"的责任。

C目录
Contents

第1章 导　　论

1.1　研究背景和意义

1.1.1　研究背景

农业是我国国民经济的基础性产业，人多地少是基本农情。农业发展的好坏，直接关系到整个社会的生存、稳定和发展。虽然自改革开放以来，我国经历了一个奇迹的经济增长进程，但农业的"短板"效应依然束缚着我国整体经济发展的进程。目前我国已处于工业化中·后期，城市化发展也取得了巨大成就，经济发展已经进入一个新的阶段。而农业并没有随着工业化和城市化的加快而自发地实现现代化，相反，在国民经济总量迅速增长的同时，农业劳动生产率和农民收入增长却相对缓慢，城乡差距日益扩大，二元经济结构十分显著。

面对当前我国基本国情和发展阶段，党和国家高度重视"三农"问题，政策意图日益明朗化。2013年中央一号文件指出，[①] 要着力构建集约化、专业化、组织化、社会化相结合的新型农业经营体系，加大农业补贴力度，鼓励和支持承包土地流转，努力提高农户集约经营水平。党的十八大提出，[②] 坚持走中国特色新型工业化、信息化、城镇化、农业现代化道

---

①　中共中央、国务院关于加快发展现代农业，进一步增强农村发展活力的若干意见［EB/OL］. 2012年12月31日. http：//www. gov. cn/jrzg/2013 – 01/31/content_2324293. htm.

②　党的十八大报告（全文）［EB/OL］. 2012年11月19日. http：//www. xj. xinhuanet. com/2012 – 11/19/c_113722546. htm.

路，实现四化同步发展，难点和重点在农业现代化。2014 年中央一号文件指出，必须坚持农业基础地位不动摇，加快推进农业现代化。要努力走出一条生产技术先进、经营规模适度、市场竞争力强、生态环境可持续的中国特色新型农业现代化道路。党的十八届三中全会提出，经济体制改革是全面深化改革的重点，核心问题是处理好政府和市场的关系，促使市场对资源配置起决定性作用和更好地发挥政府的作用。必须健全体制机制，形成以工促农、以城带乡、工农互惠、城乡一体的新型工农城乡关系，让广大农民平等参与现代化进程、共同分享现代化成果。加快构建新型农业经营体系，赋予农民更多财产权利，推进城乡要素平等交换和公共资源均衡配置，完善城镇化健康发展体制。①

资源的有限性决定了资源必须流向高效率的主体。现阶段我国经济发展不能主要靠投入，而是要靠提高效率，提高效率与市场决定作用非常相关。实现农业现代化需要解决资源高效地流向农业的问题。当前，我国农村领域出现经济与金融"双落后"状态，农村金融发展落后深刻表现为市场竞争缺失、农村金融不断萎缩、金融资源外流严重、农户和农村企业贷款难问题突出、城乡和农村内部均存在二元金融结构，农村金融对农村经济的正面激励作用不断下降。综观世界各国发展经验，农村金融市场受阻的根源在于体制机制不健全，政府不适当干预和金融抑制导致农村金融市场的内生机制被扭曲。如果不发挥好、不利用好政府和市场两个力量在农村金融资源配置中的正面作用，农村金融制度发展就会受阻，农村金融与经济的良性循环就不可能实现。如何把握当代农村金融市场成长规律，解决金融资源流向农村、农业和农户的问题，推进我国农业现代化的持续健康成长，最终形成一条解决"三农"问题的可靠路径，不仅是当前我国农村金融发展中亟待研究和解决的一个重大课题，也将是本书研究的主要内容。

基于上述研究背景，农业现代化对农村金融制度具有多大的需求？农村金融制度发展的金融供求障碍主要有哪些？从资金供求两方面考察，如何完善作为资金供应方的现有农村金融体系？又如何将传统农户培育成为农村金融市场主体？本书将以农村金融发展理论对这一系列问题进行分析和回答，为缩小城乡经济发展差距，加快我国现代化进程提供新的思路。

---

① 党的十八届三中全会公报全文［EB/OL］. 2013 年 11 月 12 日 . http：// news. xinhuanet. com/house/suzhou/2013 - 11 - 12/c_118113773. htm.

1.1.2 研究意义

1. 理论意义

农村信贷补贴论认为农民缺乏储蓄能力，农业的产业特性使得商业银行出于逐利动机不可能为农民提供所需资金。政府有必要从外部注入低息的政策性资金。之后，农村金融市场理论逐渐替代了农业信贷补贴论，强调市场机制的作用，认为农民即使是贫困阶层，也有储蓄能力。该理论将正规金融市场和非正规金融市场有机地结合起来，反对政策性金融对市场的干预和扭曲。20 世纪 90 年代以后，不完全竞争市场理论认为市场机制并非是万能的，农村金融市场不是一个完全竞争市场，合理的政府干预必不可少。与不完全竞争市场论相似，局部知识论大多针对农村金融市场中大量存在的局部知识，考虑从知识论的角度出发，去解决不完全竞争和信息不完全的问题。

借鉴农村金融发展的理论和研究方法，本书研究现代化进程中的农村金融制度发展问题，对农业现代化与农村金融发展之间的关系进行分析。同时，本书从金融供求方面分析农村金融制度所面临的障碍，并以此为依据对正规金融支农功能的有效性、农村非正规金融组织的转型与发展、政府对农村金融的支持进行探讨。本书的研究突破了传统金融理论的分析框架，利用农村金融发展理论加深对农村金融制度的研究，无疑具有一定的理论意义。

2. 实践意义

随着工业化、城市化和现代化的快速推进，农村、农民和农业发展亟须农村金融的发展。然而当前我国城乡经济金融差距不断拉大，一方面因为我国正规金融支农机构萎缩，对新农村建设的资金支持严重不足。另一方面由于农户还没有成为真正的农村金融市场主体，对金融活动的参与程度较低。传统农业的产业特性不仅使我国农民储蓄能力不足，而且很难产生旺盛的金融需求。所以，在现有条件下，如何发展现代农村金融制度，推动农业现代化进程，已成为我国当前迫切需要解决的问题。

本书结合理论分析的结论和我国农村地区的实际情况，研究现代化进程中的农村金融制度发展，从供求两方面讨论农村金融制度的障碍，分析农村金融市场主体的培育，以实现传统农户的演变与转型，同时，从金融供给角度研究正规金融支农功能，如何实现农村非正规金融的转型与发展，以形成服务于农村经济发展的现代农村金融体系。基于此，本书的研究不仅关系到农村金融体系的发展取向，有利于完善正规金融支农功能，促使非正规金融组织转型与发展，为我国农村金融体制改革寻找新的突破口，而且有利于促使传统农户向现代农户转型，增强其参与市场竞争的能力，对促进农民增收致富和缩小城乡二元差距，实现农业现代化进程的加快，都具有十分重要的实践意义。

1.2 相关概念的界定

1.2.1 农户

农户是发展中国家农村最主要的经济组织之一，是农业生产投入的基本主体，其生产投入行为在农业和农村经济发展中的地位日益凸显。1978年家庭承包责任制被确立以来，农业经营主体也就由过去的生产集体变为单个农户。

随着农业现代化进程的加快，我国农业经营主体也将由传统农户逐步转型为现代农户，而所谓现代农户就是指专业大户、家庭农场、农民合作社等新型农业经营主体。

综合考虑我国农业经营主体演变过程、经济特点及政策支持等因素，本书将所研究的农户定义为，以农民家庭为基本参与对象，以从事农业生产为主、适当兼业其他经济活动且家庭全年生产性收入的绝大多数来源于农业，或者家庭农村劳动力绝大部分时间从事农业生产经营活动的农村微观经营组织。根据演变过程和经济特点，农户可以分为传统农户和现代农户两种类型。其中，传统农户是指那些利用家庭劳动力，以从事农业生产为主、适当兼业其他经济活动的农民家庭经营单位。而现代农户则是指新型农业经营主体，即具有较大的经营规模、较好的物质装备条件和经营管理能力，劳动生产、资源利用和土地产出率较高，抗风险能力强、以商品化生产为主要目标的农业经营组织，如专业大户、家庭农场、农民合作社、农业产业化龙头企业等。

1.2.2　正规金融

正规金融又称为制度内金融，受到政府金融制度的监管和约束，组成一个有限的、但却是有组织的金融市场。当前我国正规金融机构分为银行类金融机构和非银行类金融机构。其中，银行类金融机构在农村主要有农村合作银行、农村商业银行、农业银行等。而非银行类金融机构在目前的农村地区还比较少见，其中值得一提的是，相对于整个保险业的快速发展来说，我国农业保险发展严重滞后（张祖荣，2006）。

本书所研究的正规金融是指在农村从事信贷交易活动的、受到法律制度约束和金融当局监管的合作性银行、商业性银行和政策性银行等金融机构。

1.2.3　非正规金融

目前理论界对于非正规金融尚无统一的概念界定。国外文献多使用"Informal Finance"表示"非正规金融"，国内学者则常将非正规金融称为民间金融、草根金融、体制外金融、灰色金融等。

克洛普等（1989）和伊萨克森（2002）认为，非正规金融是指那些没有被官方监管、控制的金融活动；施赖纳（2000）认为，非正规金融是指基于未来现金承诺而制定的、不以法定体系为依据并可追索的契约或合同。

亚洲发展银行认为，非正规金融是不受政府对于储备和流动性、资本金、存贷利率、强制性信贷目标及审计报告等约束的金融部门。

国际劳工组织指出，非正规金融主要是依赖私人关系建立起来的融资网络；美国国民经济研究局对非正规金融的研究与国际劳工组织的一致，也认为非正规金融是通过资金借贷双方与中介的私人关系来实现资金融通的。

张建军等（2002）研究认为，非正规金融经历了两个发展阶段：一是初级阶段的无组织民间借贷;二是高级阶段的有组织非正规金融。

王曙光等(2011)则指出,非正规金融是相对于正规金融而言的,泛指采取非标准化的金融工具、利用民间渠道或关系,从而为农村生产、消费活动提供资金借贷等服务的形式及其活动。

于丽红(2008)认为,非正规金融组织管理方式较传统、落后。大量小企业及农户因被排斥在正规金融市场之外,只能以较高利率从非正规金融组织获取所需贷款。

借鉴国内外学者的研究成果,本书认为:农村非正规金融是相对于正规金融而言的、处于金融监管之外、自发形成于民间的且从事货币借贷的金融活动。其活动形式可分为两种:一种是非组织的民间金融,如亲友间的借贷;另一种是具有一定组织形态的民间金融。本书所研究的农村非正规金融是指后一种,具体包括各类会、农村合作基金会、网络民间借贷、民间贷款公司、地下钱庄、典当等,不包括初级阶段的无组织民间借贷。

1.2.4　信贷配给

冈萨雷斯-维加(1984)认为,信贷配给是给定利率水平下,贷款者基于非价格条件分配贷款,导致贷出数额小于能够放贷的数额。斯蒂格利茨和威斯(1981)、贝斯特和希尔微格(1987)认为,信息不对称引发机会主义行为,导致逆向选择和道德风险的出现,银行的最佳决策不是提高利率而应是信贷配给,信贷配给应成为金融市场的长期均衡状态。斯蒂格利茨和威斯(1981)还就此提出了信息不对称条件下经典的 S-W 信贷配给模型。

本书认为,信贷配给是指贷款人基于自身降低风险和追求利润的考虑,在政府的利率管制政策下,通过附加各种贷款条件来实现信贷交易的达成。信贷配给通常表现为三种情况:一是基于对借款人的信贷评级,一部分申请人得到贷款而另一部分人即便愿意支付更高的利率(资金价格)也得不到贷款;二是借款人不能完全获得全部申请金额,只能获得其中一部分;三是存在一些潜在的贷款申请者,即因担心遭拒而不去申贷的潜在主体。可见,信贷配给是金融机构对稀缺的信贷资源进行分配的过程,限制了信贷市场中的交易范围和交易规模。

在不完全竞争的农村金融市场中,因农户经营规模小而分散、还款能力差、交易成本高，缺乏有效的抵押或担保；且正规金融机构与农户之间的信息不对称问题比较严重，正规金融机构通常通过设置抵押担保等信贷条件筛选合格贷款对象，从而对农户形成信贷配给。

1.2.5　农村金融抑制

金融抑制是由美国经济学家麦金农等在 1973 年针对发展中国家实际情况提出的，主要用来解释发展中国家金融业因存在抑制而不能有效促进经济增长的现象。所谓金融抑制，是指由于政府对金融活动和金融体系的过多干预制约了金融体系的发展，而金融体系的滞后又进一步抑制了经济的发展，从而造成金融和经济双重落后的恶性循环。政府的干预手段主要包括政府所采取的使金融价格发生扭曲的利率、汇率等在内的金融政策和金融工具。

金融抑制对发展中国家农村的渗透主要表现在，农户从正规金融部门很难获得足够的信贷资金，在正规借贷市场中经常地处于弱势地位。

叶兴庆（1998）和乔海曙（2001）认为，我国农村经济中的金融抑制现象比较普遍，其主要原因在于，正规金融机构对农户的贷款供给十分有限。

叶敬忠等（2004）认为，农村中的金融抑制既可能是因为正规金融机构的资金供给不足，也可能是因为农户的借款需求有限。

根据学者们的界定，本书认为，农村金融抑制是指因政府对农村金融和经济领域的过多干预，导致农村金融市场不健全，农村金融制度不完善，农村金融供给不足或借贷需求受到约束，从而使得农村金融不能有效支持农村经济发展。

1.3　国内外研究动态

1.3.1　农村金融发展理论研究

国内外研究表明，农村金融理论大多来源于实践经验的总结，其理论发展往往表现为一种试错过程，对完善农村金融体系具有指导和借鉴作用。农村金融理论主要经历了农业信贷补贴论、农村金融市场论、不完全竞争市场理论和局部知识论。

1. 农业信贷补贴论

20 世纪 80 年代以前，在农业金融理论界占主流地位的是农业信贷补贴论。其理论前提是：农户特别是贫困阶层几乎没有储蓄能力，农村面临资金不足问题。农业具有投资长期性和收入低水平的特征，在正常利率条件下，还贷能力弱，利息支付困难，容易受到商业银行排斥，因此，有必要注入政策性资金，其目的是增加农业生产，缓解农村贫困。20 世纪 60 ~ 70 年代，以贫困阶层为目标的专项贷款兴盛一时。为此，亚洲各国政府还设立了各种专门的农村金融机构，将资金注入农村。

由于农业信贷补贴论的影响很大，许多发展中国家采取了相应的农村金融政策，取得了一定成效。然而实践证明该理论是存在明显缺陷的：首先，政策资金向贫困农户倾斜和促使农业生产可持续发展目标很难通过信贷安排来实现。其次，对农村金融发展造成较大的消极影响。最后，所谓农民没有储蓄能力的假设有局限性，在很大程度上限制了其适用性。总之，农业信贷补贴论的贡献是为农村政策性金融的发展提供了经验借鉴，但其主要缺陷却是在片面强调农村金融对农村经济发展支持作用的同时忽视农村金融自身的发展。

2. 农村金融市场论

与农业信贷补贴论一样，农村金融市场理论也是较有代表性的传统金融学说。自 20 世纪 80 年代以来，农村金融市场论受到了人们的广泛关注，它强调市场机制的作用，并逐渐替代了农业信贷补贴论。该理论主张发挥市场机制作用，减少政府干预；适度发展农村非正规金融市场，取消专项贷款中的特定目标制度等。按照该理论，在我国农村地区实行以自由竞争为主要内容的农村金融改革十分必要。但落后的发展现实和不完备的法律制度环境的存在，使得发展中国家在短期内还难以形成一种较为完善的农村金融市场机制。

然而农村金融市场论所起的作用并没有想象的那么大。自由化利率可能会减少信贷总需求，在一定程度上改善传统农户贷款难问题，但信息不对称、抵押不足和高成本必然导致传统农户和中小企业成为信贷配给的对象。因此，单纯依靠市场机制仍不能完全实现资源的合理配置和社会的协调发展，从而将政府干预作为市场配置资源的补充手段。

3. 不完全竞争市场理论

20 世纪 90 年代以后，不完全竞争市场理论逐渐在学术界受到重视，其基本观点是：发展中国家金融市场不是完全竞争的，在贷款者（如金融机构）不能充分掌握借款人不完全信息的情况下，单靠市场机制的作用，无法培育出所需的金融市场。因此，需要政府等非市场要素的介入，才能弥补市场失效部分。

不完全竞争市场理论建立于农村实践的基础上，产生于我国国内经济学与世界主流经济学逐渐接轨的特殊时期。由于我国农业生产的特殊性等，正规金融机构一般不愿涉足，导致农村金融市场失效。因此，该理论更符合我国目前的农村金融体制改革，具有较大的引导与启示作用，为我国农村金融政策的出台提供理论支持。在重构我国农村金融体系时，也应以该理论为指导，发挥政府在农村金融和经济发展中的作用。

4. 局部知识论

由于农村金融市场中局部知识大量存在，在哈耶克的观点影响下，许多学者指出，农村金融市场的信息不对称不应该通过政府干预来解决，而是应该依靠市场竞争机制，因为竞争有助于缓解和减少信息不对称问题。由此他们提出了局部知识论。"局部知识论"的基本观点是：农村金融市场上信息不对称或不完全表明局部知识是大量存在的，对于不同时间和地点分散的大量局部知识，需要进行知识分工。假若现场交易（含现场金融交易）是在特定时间和地点，则局部知识应最能被发现和利用，因而信息不对称有所减少。事实上，局部知识对竞争机制的"利用"是建立在知识分工和加工层面上的。与不完全竞争市场论不同的是，局部知识论大多是从知识论的角度出发，来解决信息不完全和不完全竞争问题。

局部知识论的政策建议主要有：一是金融供给者应靠近有着大量局部知识的人和地方；二是充分利用分散的局部知识，以促进局部知识载体之间的知识开发与分工，如借款连带保证小组或借款人互助合作可以消除或减轻信息不对称问题。三是农村金融机构等是局部知识的最佳利用者，应成为农村金融市场的主体。因为他们最为贴近农村经济主体，有助于提高效率，优化金融资源配置。四是政府在农村金融市场的作用应该是辅助性的，仅在改善金融生态环境、建立与维持市场秩序方面发挥重要作用。

1.3.2 农村金融制度供求问题研究

农村金融制度供求的研究主要是国内学者关注的非常多，相应的研究成果也十分丰硕。关于农村金融制度供给研究，何广文（1999）认为，农业投入资金短缺、农户和农村企业贷款难问题突出的根源在于，我国金融制度主要是由政府来提供的，这导致了金融管制过于严厉和金融环境半封闭现象，从而在多方面造成制度供给的不足。这说明，我国农村金融供给存在着制度性缺陷，主要表现为正规金融有效供给不足，非正规金融得不到合法合理的对待，因此，所构建的农村金融供给制度应当是具有多层次、差异化的金融产品供给能力（王自力，2007）。当前我国农村金融制度供给有两种类型：一种是外生性供给，即正规金融支农制度供给，但对于农村不同层次主体的信贷需求，这种制度供给的适应性效率较低，其供给明显不足。另一种是内生性供给，也就是农村非正规金融制度供给，虽然产生于民间底层，但这种制度供给具有效率，真正能够满足农村经济主体的信贷需求（谷洪波等，2007）。

但是，农村金融供给制度只有依据金融需求来设计，才能为农户提供较好的金融服务。非正式金融制度之所以能够在农村金融市场中长期保持主导地位，是因为它契合了农村经济的金融需求（张杰，2003）。当前我国农村金融制度创新的最大问题在于，政府过度干预造成农村金融供求出现严重失衡，导致农户的金融需求长期难以得到满足（李树生和何广文，2008）。

1.3.3 农村二元金融结构研究

二元金融结构问题的研究在传统金融发展理论中并不多见，大量文献基本上重视的是发展中国家正规金融的作用研究（格利，1960；帕特里克，1966；等）。1964年，海拉·明特提出了落后国家的金融二元性问题，但他并没有对此问题进行深入研究。20世纪80年代以来，经济学家越来越多地注意并参与到非正规金融和二元金融结构的研究中，从而促使该领域的研究向广度和深度发展。其中，新结构主义学派对非正规金融市场的影响较为深远。麦金农－肖（1973）认为，发展中国家"市场不完全"主要是存在"有组织的金融市场"和"无组织的金融市场"两个割裂的市场，并且指出非正规金融是一种效率低下的融资机制。但他们更多是从非正规金融角度来解释二元金融结构的。之后，卡普（1976，1983）、加尔比斯（1977，1982）和弗莱（1980，1988）等比较关注非正规金融及二元金融结构的消极影响，并由此提出以金融自由化为手段实行金融深化的政策主张。

　　然而随着案例调查和研究的增多，人们对非正规金融的看法有了极大转变，发现发展中国家中广泛存在的非正规金融是其金融体系的典型特征（霍夫和斯蒂格利茨，1981）。泰勒（1983）和巴非（1984）等认为，非正规市场对于企业融资是非常重要的，运转良好的非正规市场有助于增加企业的信贷总量。而在韩国（李和韩，1990；柯尔，1998）、中国台湾（梁，1988）、印度（廷伯格和艾亚尔，1984）、泰国（弗莱，1981）等新兴工业化国家和地区。非正规金融市场的运转效率很高，这一点得到了许多经济学家的证实。从制度经济学角度来看，非正规金融具有信息充分优势，能有效配置资源、动员储蓄（亚当斯和卡纳韦西，1989；沃尔德伦，1995）、降低风险（博尔曼，1977；卡罗米瑞斯和拉贾罗曼，1998）、便利交易（金和普罗索，1986）、加强监管（布雷弗曼和斯蒂格利茨，1982），使居民短期投资成为可能。

　　到了20世纪90年代，学者们开始发现，二元金融在很大程度上是一种互补关系，两者之间存在不完全替代关系（迪亚涅，1999）。为了从理论上证明具有发达正规金融系统的国家也需要非正规金融补充，马克·加尔·麦斯和托拜厄斯·莫斯科维茨（2002）还建立了一个非正规金融的模型。由于正规金融与非正规金融各有信息优势和规模优势，相互之间存在互补，学者们于是开始研究两者之间的连接问题。希伯尔（1997）认为，正规金融与非正规金融可以有四种连接策略。在正规金融和非正规金融的连接形式方面，有学者认为，水平连接应是主要形式（贝尔，1990；科恰尔，1997）。而加特（1992）认为垂直连接应是一种较好形式。关于两者的垂直连接效果，富恩特斯（1996）、杰恩（1999）、康宁（1996）和瓦吉斯（2004）等做出了相关研究。

在国内，学者们针对正规金融或非正规金融的研究很多，但很少有人将两者纳入同一框架，即使有也只是近几年才开始的。刘旭华（2004）发现，在我国西北农村地区，正规金融市场和非正规金融市场处于相互制衡、相互影响的状态，但正规金融市场不如非正规金融市场有效率。左臣明、马九杰（2006）认为，目前最重要的问题是正确对待并给予非正规金融合法地位，同时要将正规金融和非正规金融连接起来。周天芸和李杰（2005）实证结果表明，中国农村存在明显的二元金融结构。张杰和尚长风（2006）认为，农村二元金融结构特征是金融抑制政策的结果，同时，这种"二元"结构特征也是由金融交易主体的能力与信息结构特征决定的，其市场分割是经济发展水平与制度约束的均衡结果。

关于农村二元金融结构的形成原因，有学者认为是金融抑制政策的作用（贺力平，1999；张杰，1999；金雪军，2001；史晋川和叶敏，2001）。还有学者从信息经济学角度认为，由于正规金融机构距离农户较远，农村金融市场存在的信息不对称（王隽，2004；彭建刚等，2005；唐颖，2006；刘林等，2006；等），对农户融资的交易费用高昂，以及自履约实施机制的缺乏，因而造成农户的融资要求难以得到满足（周脉伏等，2004）。林毅夫等（2005）和左臣明等（2006）认为，非正规金融因具有信息优势，在风险应对和提供融资方面能够发挥重要作用。按照现代金融发展理论来说，非正规金融是一种有效的制度安排（钱水土和俞建荣，2007）。谢玉梅（2006）发现，信息不对称、高交易费用、抵押资产缺乏流动性是约束农户借贷的主要因素。

1.3.4 金融机构支农功能研究

国外研究方面，莱维（1997）认为，金融体系具有五项基本功能：动员储蓄、资源配置、便利商品和劳务的交换、便利风险管理和促进公司治理。大量研究结果从理论和实证角度证实，一个运行良好的金融体系能够高效率地把稀缺储蓄资源配置到回报和效率均较高的部门之中，从而促进物质资本和人力资本投资、技术创新和生产率提高，最终推动经济增长（格林伍德等，1990；金和莱维，1993；莱维和泽尔沃斯，1998；贝克等，2000；贝哈鲍比等，2000；刘和许，2006；等）。加勒和泽拉（1993）指出，在资本市场不完善的情况下，要进行物质资本和人力资本投资，只有那些继承遗产（或有能力借取资金）足够多的人才能做到。

　　从发展中国家实际情况来看，农民所需资本要比其储蓄额多得多，小农业和小工业对于信贷的需求必不可少（刘易斯，1990）。托达罗（1999）指出，发展中国家政府只有加大资金投入，才能发展农村经济，为农民增收，从而提高农民生活水平。凯斯特（2000）认为，由于缺乏高效的农村金融市场，经济转型国家的财政、金融部门对农村资金的配置效率是极其低下的。特别是因政府主导的农业信贷体系使得发展中国家在促进农业投资方面缺乏效率，但市场化融资方式和必要的政府干预措施却明显更有效（詹森，2001）。在农业主体缺乏风险保障的情况下，正规金融机构对农业的信贷支持下降，而政府干预会增大农村金融风险，导致效率低下（汤森，2001）。

　　国内研究方面，我国在改革开放前是个落后的农业国，资本极为稀缺。为了保证处于优先发展地位的重工业获得足够的资本支持，政府利用行政手段直接分配稀缺的资本，使得金融在功能上实际成了政府财政的一部分（林毅夫等，2003）。而内生于经济发展战略的国家金融则延伸到农村，目的是有效动员农业、农民和农村的经济资源和剩余（张杰，1999）。我国正规金融并非一开始就产生于农村经济，但农村非正规金融却是自发形成于农村社会，其在发展过程中不是被政府不断地打压，就是被不断地正规化（温涛等，2005）。出于商业性资本追求利润最大化的本性，在 20世纪 90 年代中后期，国有金融开始进行改革，并大规模从农村撤并，[①]　就连具有合作金融性质的农村信用社为了减轻成本和风险，也开始将基层业

---

　　① 据林毅夫（2003）、何广文（2002）、张杰（2003）等的研究和有关统计数据显示，从1999 年开始全国上千家农村合作基金会全部关闭，四大国有商业银行共撤并 31000 多家地县以下基层机构。农村邮政储蓄只吸收储蓄不发放贷款，2000 年期末余额为 4578 亿元，2001 年为 5912亿元，2002 年扶摇直上至 7376 亿元。邮政储蓄在存款市场的份额 2002 年底已达 8.48%，成为仅次于四大国有商业银行的第五大吸储大户。2003 年邮政储蓄存款近 8000 亿元中 60% 以上来自农村，估计导致净流出农村资金在 6000 亿元以上。

务代办点大量集中和撤并，并上收决策权限（何广文，1999），业务非农化，[①] 导致正规金融机构无意提供涉农贷款或缺乏效率（章奇等，2004），而对农村经济具有天然亲和力的非正规金融又不断受到政府打压，一直处于"黑市"状态（张杰，2003）。

我国经济增长与金融发展有着明显的正相关关系（谈儒勇，2000；王志强和孙刚，2003；沈坤荣等，2004；冉光和等，2006；等），这主要是从金融中介供给的角度讨论的。因为金融中介不但可以有效集聚闲散资金，增加资源的流动性，减少交易成本，增加投资；同时还可以优化金融资源配置，促进配置效率、回报率和生产率的提高。要促进农业增长，农业生产性资本形成是其最直接的推动力；农业资本形成的主要障碍主要是财政支持不力、投资需求不足以及二元经济结构的存在（钱彦敏，1991）。李建民（2000）、姜作培（2001）等指出，农业产业化经营需要以市场为导向的、高效合理的农业投融资结构作为前提和关键。在低收入发展中国家，虽然政府被赋予扶持农业信贷的重任，但低息信贷对农业发展的刺激效果却并不明显；如果与其他资本投资收益相比，用于农业信贷的资源产生的利润结果是极少令人满意的（张杰，2003）。

总之，目前关于农村金融制度的相关成果因研究视角、方法、样本所取时间段的不同，使得其结果也截然不同。第一，已有成果对农村金融制度的研究侧重于从金融中介机构供给的角度，判断局部化和零散化。第二，由于对农村金融制度的构建往往参照的是城市模式，因此，在农村金融制度模式研究上存在很强的路径依赖。第三，学者们常将"三农"概念捆绑在一起来研究农村金融问题，过多强调"三农"的共性而忽视各自特点，导致在寻求解决办法时比较笼统，针对性不强。因此，中国农村金融制度仍然需要创新研究。本书借鉴农村金融发展理论、新制度经济学和现代化理论，分析现代化进程中农村金融制度发展的路径和机制，利用现有文献留下的空间作出一些探索，为后续研究拓展思路。

---

① 据夏斌（2003）、章奇（2004）的研究，农村信用社存款远远大于贷款，其差额大部分投向了非农产业和城市，2002年农村信用社吸收存款19469亿元，各项贷款14117亿元，存贷差5352亿元，其中有价证券及投资1812亿元，净存中央银行684亿元，拆借给其他金融机构1152亿元，估计净流出农村资金在3000亿元左右。

1.4 研究方法与研究思路

1.4.1 研究方法

当前经济学的理论研究大致有两种倾向：数理化倾向和社会化倾向。在凯恩斯革命以前的不同经济学说里，这两种倾向都得到了较多体现，甚至有时还综合在一起产生过良好的研究效果。但是自凯恩斯革命以来，西方主流经济学极力推崇数理化倾向，社会化倾向却遭贬抑直到难觅踪迹。虽然推崇数理化研究本身无可非议，但蓄意排斥社会化倾向的偏激做法却使经济科学演变成数学推演模式，使之变成缺乏人文精神的、机械的抽象分析。本书研究希望做到将社会化倾向和数理化倾向有机地融合起来，因而主要采取以下几种方法：

1. 定性分析和定量分析相结合的方法

定性分析就是运用我们所学知识去归纳和整理积累的资料，对复杂的经济现象和经济关系进行逻辑推理和分析阐述，以便得出一般性规律。定量分析是在定性分析基础上，结合具体的实际情况对大量经济事实和统计数据进行去粗取精，去伪存真的量化处理，以深化定性分析，并使之精确化。本书对农业现代化对农村金融制度的需求、农村金融制度的金融供求障碍等方面进行定性分析和理论解释，同时选取相应的指标，运用定量分析的方法，对农户借贷行为的影响因素等进行测量和评估，从而得出符合我国农村实际的结论。

2. 实证分析与规范分析相结合的方法

实证分析是解决"是什么"、而非"应该是什么"一类的问题。规范分析则是解决"应该是什么"的问题。它是以超出理性的、具有内在主观性和任意性的价值判断为基础的。本书研究利用中国统计年鉴、中国农业发展报告、中国金融年鉴、农业部全国农村固定观察点调查系统等其中的数据，采用适当的数理模型，实证分析相关因素对农户借贷行为的影响程度。而规范分析法主要体现在，运用相关理论分析农业现代化对农村金融制度的需求、正规金融支农有效性，农村非正规金融组织转型以及政府对农村金融的支持等。

3. 文献研究法

文献研究法是一种古老、又富有生命力的科学研究方法。对过去事实和现状的研究，不可能全部通过观察与调查来得知，还需要对与过去事实或现状相关的多种文献做出分析，才能得知较为正确的结论。围绕现代化进程中的农村金融制度问题，本书依据现有理论、事实和需要，对前人的研究成果进行整理和分析，并进行相应内容的论证。

4. 案例分析法

案例分析法是根据问题分析的需要，以典型的经济现象或经济事实为案例，通过具体描述和分析，借以探索、论述某一经济结论可行性的方法。为了使问题分析更贴近实际需要，本书对新型农业经营主体发展、正规金融支农有效性及模式、非正规金融组织的转型与发展模式、政府对农村金融的支持，分别选用典型案例，并进行合理分析。

1.4.2 研究思路

在回顾国内外文献的基础上，本书运用新制度经济学理论、农村金融发展理论、信贷配给理论、现代化理论等，主要开展以下几个方面研究：

1. 农业现代化对农村金融制度的需求分析

农业现代化始终是一个重要主题，与工业化、信息化和城镇化是相互关联发展的。对农村金融的需求衍生了对农村金融制度的需求。根据生产关系一定要适应生产力的规律，农业现代化的发展需要现代化的农村金融体系为之提供服务。金融发展通过储蓄效应、投资效应和资源配置（投资效率）效应，产生资本形成、资源配置和技术创新传导机制，对农业现代化发挥作用。

2. 农村金融制度发展的供求障碍分析

目前，农村金融供求状况对我国农村金融制度发展造成障碍。我国农村金融发展十分落后，农业和农村经济发展受到制约，既可能因农村金融供给不足，也可能由于农民自身因素导致需求不足。从农村金融供求方面可以分析农村金融制度发展的障碍及原因，并进一步探讨农村金融制度创新的路径。

3. 农村金融市场主体分析：新型农业经营主体视角

正确认识农业和农民，是探究农业发展缓慢和传统农户弱势的原因及出路的前提。目前农户还没有完全成为真正的市场竞争主体，难以有效获得金融资源，无法完成发展现代农业的重任。而新型农业经营主体不仅有利于农村经济结构优化和发展水平的提高，改变传统农户和农业的弱势地位，同时还可以为农村金融发展创造良好的经济环境，激励农户融资并提高其融资能力，增强农民增收的实力，加快实现农业现代化。

4. 正规金融支农有效性分析

现阶段的正规金融没有真正体现出其支持农业和农村经济发展的功能。从金融资源配置功能角度来看，判断一国或地区的正规金融制度是否完善和健全，可以用适应性标准、效率性标准和完备性标准来衡量。然而从现实来看，我国农村金融制度发展与上述三个衡量标准相差甚远，这说明我国正规金融支农有效性是不足的。

5. 农村非正规金融组织转型分析

非正规金融的存在得益于正规金融支农供给的不足。对于农村非正规金融，我们绝不能简单地肯定或否定甚至取缔它，而应当围绕"三农"的金融服务需求，赋予非正规金融组织合法地位，并将其纳入金融监管体系，以充分发挥其显著优势，满足农户的资金需求。

6. 政府对农村金融的支持

发挥市场在配置资源中的决定性作用和更好地发挥政府作用，是我国政府在经济金融发展过程中对政府与市场关系认识的深化，也是我国在经济发展与改革的新阶段对政府与市场关系的重新定位。在我国，政府与市场的关系理论已被应用于各种问题的研究。政府职能应该限制在宏观领域，更明确地定位为完善和健全市场经济体制，完善公平竞争的生态环境，对市场主体和活动实施监管，做好"守夜人"的责任。

本书研究的技术路线如图 1 – 1 所示。

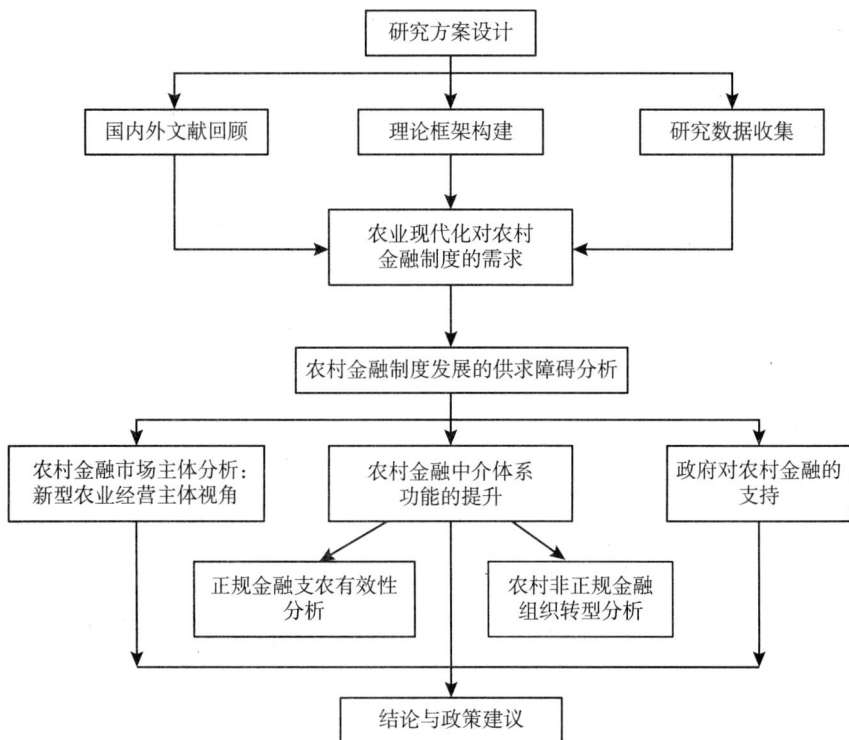

图 1 – 1 本书研究的技术路线

1.5 可能的创新和不足之处

1.5.1 可能的创新

在回顾国内外相关文献并结合我国农村实际的基础上，本书对现代化进程中的农村金融制度进行了从一般到具体、从理论到实践的系统研究，可能的创新点主要有：

1. 研究内容的创新

将现代化理论与农村金融发展理论结合起来进行研究，是对现有理论的一定程度的拓展。在此基础上，本书研究农村金融制度兼顾正规金融支农有效性和非正规金融转型问题，并创造出崭新的支农模式。同时，本书还从农村金融供求角度分析农村金融制度问题，具有系统性和整体性特点，克服了以往研究该问题的不足，可以看作是一种创新。

2. 典型案例分析的创新

目前对于正规金融支农模式和非正规金融组织转型模式的研究尚处于不断探索阶段，相应的典型案例并不多见。本书顺应当前经济发展的新形势，以为数不多的相关案例，探索出适合我国农村实际的正规金融支农模式和非正规金融组织的转型模式，应该说是丰富了以往成果。

3. 研究数据选择的创新

以往所有涉及农户相关问题的分析，要么侧重于以某些分散的全国性数据为研究样本，要么是以某一地区有限的数据为样本，分析的问题不够全面。本书主要以农业部全国农村固定观察点的调查数据为样本，同时结合国家统计局和中国人民银行等部门的相关数据，涉及的样本农户23000户，除港澳台以外主要分布于31个省（自治区、直辖市），且样本数据主要是农业部通过对固定不变的村和户进行长期跟踪调查所取得的连续数据。所取数据充分而涉及面又广，对研究全国农民问题具有较强的代表性。

1.5.2　不足之处

1. 数据资料存在调查的空间

农村非正规金融是民间自发形成的，不具有合法地位。尽管目前已有针对农村非正规金融的极少数调查，但除了农业部全国固定观察点组织的调查以外，官方系统的调查和统计数据非常匮乏。本书所使用农村非正规金融的数据资料主要是通过农业部全国固定观察点调查系统等间接途径通过合理推算得出的，缺乏直接的调查数据，这正是本书作者所感缺憾之处。

2. 研究主体有待拓宽范围

本书选取的研究主体是农户，这是家庭全年收入绝大部分来自农业、家庭劳动力基本从事农业生产的农村家庭。选取的研究主体并非指所有兼业类型和收入层次的农户，那些兼业农户和非农业户不在本书所定义农户的范围之内，因此，不能研究全体农户的相关问题是一种不足。

第2章 农业现代化对农村
金融制度的需求

作为我国国民经济与现代化不可缺少的重要部分,农业现代化进程的加快离不开农村金融制度的支持。本章主要通过考察城镇化带来的人口、经济和社会变化,分析农业现代化对农村金融制度的需求及其原因。

2.1 农业现代化的基本理论

2.1.1 农业现代化的内涵

历史在前进,其现代化的概念内涵和外延也在不断丰富发展。现代化有两个基本含义:一是状态,即发达国家已达到的世界先进水平;二是过程,即发展中国家追赶发达国家的进程。对发展中国家来说,现代化是工业革命以来的经济发展过程,是以科技革命和制度创新为根本动力,人类社会从农业社会向工业社会持续而深刻的社会变迁。对我国来说,现代化则是工业化和城镇化良性互动、城镇化和农业现代化相互协调,工业化、信息化、城镇化、农业现代化同步发展的变革过程。①

随着经济发展和技术进步,农业现代化的内涵不断被赋予新的内容。20世纪50~60年代,工业技术的运用被认为是农业现代化内涵部分。改革开放后,现代管理的内容开始加入农业现代化内涵中。90年代以后,

---

① 党的十八大报告(全文)[EB/OL]. 2012年11月19日. http://www. xj. xinhuanet. com/2012 – 11/19/c_113722546. htm.

理论界从动态论、系统论、过程论、多维论和可持续发展论等五个方面对农业现代化的内涵有了更深一层的理解。总之，农业现代化是用现代科学技术和现代管理方法经营农业，用现代科学文化培养农民，有效供给农产品和促进农民增收，将传统农业转化为现代农业，具有显著效益、社会效益和生态效益的可持续发展农业的过程。转化后的农业就叫现代农业或发达农业。与我国所经历的经营分散、收益较低的传统农业相比，现代化的农业是农业发展的最理想状态。农业现代化的主要特点是：

第一，农业现代化的动力源泉是生产技术科学化。先进的科学技术如果被广泛应用于农业，使农业拥有先进的生产技术和设备，则可以提高农产品产量和质量、降低生产成本，并保障农副食品安全。农业经营模式将逐步由粗放型向集约型转变，现代科技对农业增产的贡献率将不断提高，传统农业改造为现代农业的进程从而会加快。

第二，农业产业化是农业现代化的重要标志。一方面，农业产业化意味着农业生产达到专业化、规模化和商品化水平，农业劳动力资源得到优化，从而形成"以工哺农、以农促工"的格局，城乡统筹更加协调，城镇化率高，使得农业经营的盈利机会多，收入水平高。另一方面，农业产业化有利于农业科技的推广应用，加快农业现代化进程。但是在实际工作中，因不同农村地区由于具体情况存在差异，需要审时度势地推进农业产业化，避免出现盲目"跟风"现象而影响农业现代化发展。

第三，农业信息化是农业现代化的重要手段。就是以信息化方式改造传统农业，促进信息化与农业现代化的融合，从而实现信息时代的农业现代化。农业信息化不仅促使现代信息技术渗透到农业生产、交换、消费的整个活动过程，而且对农村社会、经济、技术等环节也产生显著影响，从而极大地提升了农业生产效率，加速改造传统农业改造，促进农民增收。

第四，高水平人力资本是实现农业现代化的决定因素。人是生产力诸要素中最活跃的因素。在现代农业发展过程中，需要高水平的人力资本去创造先进的生产工具、探索先进的农业科技、总结先进的农业管理经验和应用先进的经营体制和运行机制。人在生产力提高过程中可以发挥其主观能动性，农业增长方式的转变和生产绩效的提高，都能在高水平人力资本作用下得以实现。因此，农业现代化实际上是以人为本的现代化，农民素质的提高与农业现代化的实现是相互协调、相互促进的。

农业现代化不是一个孤立的过程。实现农业现代化离不开农村和农民的现代化。没有农业的发展，粮食和原料就会缺乏，其他产业必然缺少良好的发展条件；农村是农业生产的外部环境，如果农村发展滞后，那么农业现代化也只能是失衡的。而农民的现代化是农村和农业现代化的活跃因素和能动因素。同时，农业现代化是与工业化、信息化和城镇化在相互关联中发展的。"四化"的作用不是单独发挥的，而是在融合、互动、协调中实现的。农业现代化需要与城镇化进行良性互动，农业剩余劳动力的顺利转移和劳动力素质的提高离不开城镇化的发展；农业现代化的发展需要有工业的有效支撑，以实现产业的合理布局和升级；同时，农业现代化还需要信息化的深度融合。没有工业化、城镇化、信息化的推进和发展，我国农业现代化是不可能实现的。

综观新中国成立以来的发展历程，可以发现，在人口多、底子薄的基础上，为了追赶发达国家的经济发展水平，我国经济发展曾一度以牺牲农业为代价，导致二元结构特征非常明显。具体表现就是城乡之间二元分割严重，城乡差距不断扩大，城乡关系紧张和失衡，从而严重影响我国经济社会的持续健康发展。而改变二元结构现状、实现一元现代化的路径是：以减少农民解决农民问题，以非农化解决农业问题，以城市化解决农村问题。在 20 世纪 50 年代初期，工业化成为时代的中心和潮流。经济学家们普遍认为农业是停滞的，农民是愚昧的，只有工业化才能实现经济发展，而农业只能为工业发展提供劳动力、市场和资金。舒尔茨长期专注于农业经济和以农业为基础的经济发展研究，对上述观点并不认同。他认为发展中国家的经济成长有赖于农业的迅速稳定增长，传统农业是农业发展史上的一个重要阶段，应被看作一种特殊类型的经济均衡状态。传统农业并不能为现代经济增长做出贡献，不具备迅速稳定增长的能力。而现代农业是农业发展史上的最新阶段，能够成为经济增长的原动力。

自改革开放以来，在中央提出的"以工哺农、以城带乡"战略构想下，上述通过牺牲农业来发展工业的思路很快得到了扭转，这对加快我国农业发展，实现社会和谐稳定具有十分重要的意义。除了发展城市工业外，我国 20 世纪 80 年代乡镇企业的"异军突起"掀起了农村工业化高潮。目前我国工业化已进入中后期阶段，农业剩余劳动力的大量转移，使得农业人口压力有所减轻，为加快农业现代化进程创造了条件。因此，现阶段我国现代化不应该是拉大工业与农业、城市与农村、市民与农民之间的差距，也不应该是依靠牺牲或削弱一方为代价来发展另一方，而应当是工业和农业、城市和乡村共同发展，农民与市民共享发展成果，由此改变二元结构现状、实现一元现代化的过程。

按照马克思主义的观点，人类社会的发展就是先进生产力不断取代落后生产力的历史进程。[①] 农业现代化促进农业生产力的不断提高，是农业部门社会进步的体现。社会的进步发展不仅表现为实物量的生产能力，也表现为社会成员的需求持续得到满足的程度。在市场经济条件下，社会成员需求的满足程度和社会发展进步水平基本上都是以收入来表达的。社会成员对货币收入的直接追求，能够间接促成劳动生产率的提升，使得社会成员的需求获得更多的满足。因此，农业现代化的经济实质就表现为农业生产率的不断提高和农民收入的持续增长，从而建立现代农业的过程。农业现代化的基本目标就是大幅度提高农业劳动生产率和农产品的市场竞争力，增加农民收入，缩小工农和城乡差别，最终实现农业的可持续发展。

2.1.2　农业现代化的实现条件

根据刘易斯的观点，农业部门拥有大量的剩余劳动力，只有向工业部门转移农业剩余劳动力才能改变二元结构，最终实现工业和农业的发展。费景汉和拉尼斯对刘易斯模型进行了推演和修补，指出农业部门不仅提供剩余劳动力，还提供剩余农产品，并由此认为，实现经济发展需要工农业平衡发展（洪银兴，2007）。但舒尔茨并不赞同此种说法，认为现有生产要素已经得到充分利用，农业部门不存在剩余劳动力，需要引入新的生产要素才能改造传统农业。

舒尔茨在《改造传统农业》一书中重点讨论了传统农业的基本特征、传统农业为何未能成为经济增长源泉以及如何改造传统农业的问题。并提出"如何把弱小的传统农业改造成为一个高生产率的经济部门"。他认为传统农业在配置资源方面很有效率。但由于传统农业追加投资的边际生产率较低，对储蓄和投资的刺激不够，而且由于传统农业的收益率比较低，

---

① 马克思．政治经济学批判序言、导言［M］．北京：人民出版社，1971.

因此很难进行储蓄，缺乏资本流入，导致农民和农业十分贫穷。舒尔茨强调用"内涵式"的发展方式来发展现代农业，即改造传统农业需要通过技术进步和提高人力资本的办法来进行。他认为，改造传统农业的关键是技术，其中不仅包含物质资本，还包括人力资本。因此，农民所得能力在实现农业现代化中头等重要，应该用激励的办法来指导和扶持农民，建立一套适用于传统农业改造的制度。

考虑到我国农业中同时存在着劳动力过剩和传统生产要素已充分利用的情况，因此，实现农业现代化，不仅应该促进农业剩余劳动力转移，还应该提高农业引入资金、技术等要素的机会和能力，由此才能增强农业提供剩余的能力，促使工农业均衡发展。

一是完善农业现代化所需的外部条件。首先，需要建立完备的现代市场体系，包括农产品现货市场和农产品期货市场，改变现行的比较利益结构，解决农业增产不增收的问题，以提高务农收益。而大型农产品批发市场可有条件地发展为期货市场，使农民免受大的供求波动的风险。其次，需要建设完善的基础设施，包括农田水利、道路交通、仓储运输、信息网络及通信等。再次，搭建农民产权交易平台和要素流通平台，依法引导和保护农民合法财产有序流动，加速农村土地、资本、人才等要素的聚集和有效利用。最后，充分发挥农业公共服务机构作用，加快构建主体多元化、服务专业化、运行市场化的新型社会化服务体系。

二是培育农业现代化所需的新型农业经营主体。集约化、专业化、组织化、社会化相结合的新型农业经营主体，是推动我国农业现代化进程的重要组织保障。首先是推进农业生产组织的新型化。积极发展家庭农场、专业大户、农民合作社等各类新型经营主体，将传统农户转型为"农业企业"，把农村工业化与农业现代化结合起来，使农业与工业表现为经营与生产目的的同质性。其次是农村社会分工的专业化和扩大化。将农业的产前、产中、产后服务从农业中分离出来，并交由独立的竞争性经营主体承担，形成为农业服务的进行专业经营和市场化经营的新兴产业，从而推动土地的集中和规模经营，以利于在农业中采用新技术和实施机械化。最后是经营单位组织化。发展从事农业生产资料购买和农产品销售的各类中介组织，让农民参与市场，放弃自给自足的传统思路，学会按市场规律组织生产。

三是在农业中引入新的生产要素。如果要让传统农业向现代农业转变，就必须打破传统农业均衡。我国农业部门是低效率的均衡结构，其要素特征是劳动力过多而资金和技术过少。因此，要实现农业现代化进程的加快，各种不同要素的流动不应该是同方向的，其核心就是在农业剩余劳动力流出的同时，引进资金和技术，特别是人力资本要素。新生产要素的引入可以改变农业生产要素的投入结构，提高农业生产力。

四是加快农业科技创新。我国农业科技进步的快慢决定着农业现代化建设进程。一方面，加快包括生物创新和机械创新在内的农业科技创新。生物创新会引起产量和收入的增加；而机械创新则可以节省劳动力。受到就业压力的影响，农业中的创新最终要解决的是生物技术创新（洪银兴，2007）。如实施高产种业科技攻关工程，粮食增产模式攻关工程，开展先进适用技术研发，推广节地、节水、节药、节能和节劳技术，降低生产成本，提高资源利用效率。另一方面，进行农村人力资本投资。舒尔茨是人力资本理论的倡导者之一。农村人力资本的提高与耕作的生产率存在着密切的关系，农民技能和知识水平的增加本质上是人力资本的提高。而农村经济的迅速增长不在于提倡勤劳和节俭，而在于获得并有效使用现代要素。所以，引进和造就农业科技创新的专门人才，培养新型农民，才能更快地促进农业增长。

五是促进信息化与农业现代化的融合。当今时代，数字技术、3S 技术、云计算、移动互联网、物联网、大数据、智慧地球等现代信息技术是现代科学技术的佼佼者，已服务于包括农业在内的人类经济与社会发展的各个领域。信息化可以有效化解小生产与大市场的矛盾，帮助农民充分利用信息技术提高农业生产率和规避自然、市场风险，减少风险所带来的损失。开展全面的信息服务，有利于完善政府宏观调控，促进资源合理配置，特别是农业信息网站的建立，既能使农民加强与政府的沟通，更好地掌握各种政策和经济信息，又能更有效地维护自身合法权益，有助于增加农业行政工作的透明度。

信息化是农业现代化的核心要素之一，农业现代化需要信息化的支持。信息化与农业现代化主要通过技术、产品、业务和产品衍生等方面达到融合。不仅高传统农业的生产效率和要素利用率，打通市场、政府、企业、农户等各个环节，串起生产、销售、管理、服务全过程，使产业流程更加智能，加快农业现代化进程。而且，在资源配置方面突破了城市地理界限，能够改变传统空间关系，建立城乡之间的信息传递、互动、交换的平等关系，从而缩小城乡之间信息占有和利用的差别，推动城乡经济的协调发展和良性互动。

2.2　农业现代化对农村金融的需求

农业现代化对农村金融制度的需求衍生于对农村金融的需求。在农业现代化进程中，农村金融需求来自两个方面：一是农民生产生活方式的变化所引起的个别需求；二是农业现代化外在条件变化所引起的公共需求。无论是个别的金融需求还是公共的金融需求，都离不开我国城镇化的发展。城镇化是将城市功能向城镇扩散和渗透，通过城市工业的扩张来吸纳农村剩余劳动力，集聚农村分散的各种生产要素，带动农村基础设施建设和公共服务的改善，以及农村经济、技术乃至农民生活方式、价值观念的变革，为最终实现农业现代化创造条件，并进一步扩大农业现代化对金融的需求。在农业现代化进程中，城镇化的战略作用主要表现在：

第一，激发对农业投资的资金需求。城镇的开发建设成本比较低，其数量比大中城市多得多，而且靠近农村，农民能够比较容易和方便地进入。在城镇中，工业、建筑业和第三产业等的发展需要大量的劳动力，农民可以有机会挣得较多的非农收入，由此吸引农民向城镇集聚和迁移、向非农产业转移。因此，城镇化过程中农村劳动力的流动促使农民人均资源占有量得以提高，农业生产成本不断降低，有利于农村土地的相对集中和规模经营，从而有效提高农业生产率，激发了农民投资农业的积极性，农业生产性资金需求大增。同时，扩大经营规模、获得现代物质技术，也促使农业产生较大的资金需求。

第二，扩大了农村基础设施和公共服务等方面的资金需求。基础设施建设方面的金融需求是加快农业现代化进程的最首要、最基础的金融需求。农业现代化需要足够的农业投入品及改善农业装备条件，都得依赖于发展城镇化为之生产和提供。但是城镇化绝非简单的人口城镇化，而是包括经济和社会在内的全面城镇化，这个过程必将带来大量的资金需求。据国家开发银行预计，未来三年我国城镇化投融资资金需求量将达 25 万亿元。①

---

① 袁迪．金融支持新型城镇化的最佳路径 [EB/OL]. 2013 年 12 月 15 日. http://news. xinhuanet. com/fortune/2013 - 12/15/c_125860797. htm.

国家发展改革委员会产业研究所调查认为，新农村基础设施建设包括道路、通信、广播电视等，按照一定标准建设并扣除已建成项目，全国平均每位农民约需投资 5000 元。以 8 亿农民计，则至少需要 4 万亿元的资金支持，才能完成这一目标。① 郭翔宇等测算估计，② 1995 ~ 2030 年，如果我国要改造 60 万平方公里中低产田、开垦 15 万平方公里荒地、扩大 17 万平方公里耕地灌溉面积，则需要投资 7400 多亿元。而预计在未来的 20 年时间里，将有大约 3 亿农民转为城镇人口，由此带来的城镇新建、改建、扩建的工程浩大，需要巨额资金。③ 根据联合国推荐的发展中国家城镇基础设施年平均投资占 GDP 总量的 3% ~ 5% 测算，假若我国 GDP 年均增长 7%，"十二五"期间，每年需要 1.5 万亿元到 2 万亿元资金。④

第三，刺激了农民生活方面的金融需求。城镇化的核心是"人的城镇化"，其关键是提高城镇化质量，为农业现代化创造条件、提供市场，实现新型城镇化和农业现代化相辅相成，逐步改变二元经济结构，推动经济良性快速发展。马克思经济理论把人作为发展的主体，认为人们的生活方式受生产方式的决定和支配。并指出，大机器工业在工业人口的生活条件中进行了完全彻底革命。农业要实现现代化离不开高素质的劳动者。城镇化促使原有农民的身份得以改变，拥有与城市居民同样的政治、经济和社会地位，享有与市民同等的机会和权利，农民的生活方式向城镇居民的转变，农民的生活内容从简单转向多样，他们在文化、教育、科技、市场意识、价值观念、消费方式等方面都发生了巨大变化。同时，第二、第三产业向村镇的聚集，都将使其金融需求发生转变，具体表现包括日常性金融需求、投资理财需求、创业及培训的金融需求、消费信贷需求等。

当前，我国农业现代化进程中的资金来源主要有：一是政府财政投入。主要用于城乡公共基础设施、科技创新、教育、文化、卫生、社会保障等领域。这些领域通常带有公共品或准公共品的性质，由于投资周期

---

① 张林. 新农村建设中的金融需求与投资机会 [J]. 中国金融，2008 (12)：34 - 35.
② 郭翔宇等. 中国农业与农村经济发展前沿问题研究 [M]. 北京：中国农业出版社，2007.
③ 未来 20 年我国将有 3 亿左右农村流动人口进入城镇 [EB/OL]. 2012 年 5 月 4 日. http://china. cnr. cn/gdgg/201205/t20120504_509556159. shtml.
④ 张江雪. 中国城镇化进程中的金融需求分析与预测 [EB/OL]. http://www. zdpri. cn/newsite/sanji. asp? id = 223618.

长、回报低或较慢，一般私人不愿或较少投资。二是信贷资金投入。主要包括政策性、商业性与合作性金融资金。在农业现代化初期，大量的、周期性较长的资金需求主要由政策性金融提供服务，商业性金融机构出于成本收益考虑不愿进入。目前政策性金融在我国农村金融市场上所占份额呈现下降趋势，而商业性金融和合作性金融在农村金融中的占比明显上升。主要是由于近年来商业性和合作性金融组织随着技术管理手段的提高，能够有效控制成本与风险，为大量闲散资本寻求投资渠道。同时银监会也指出，要运用各种经济激励手段，鼓励各种金融机构加强对农村的融资服务。这种供给上的改变，有利于新农村建设和小城镇建设贷款可获得性的提高。三是民间资金和其他资金。除财政投资以外，我国城镇化和农业现代化基础设施投资的一个重要来源就是吸引民间资金，将居民闲置资金用于投资，这部分资金运用后能够产生乘数效应，刺激经济大幅增长。其他资金主要是通过盘活农村集体存量资产获得，如将荒山沙地、果园、机井、林地、闲置的厂房等集体资产，通过拍卖、入股、租赁、承包等形式盘活而取得资金。个别经济发达地区还吸引外资参与城镇开发与地区产业发展。

然而，在现阶段政府财政资金远远无法满足城镇化建设的巨额需求，而且行政划拨资金等非信贷资金往往会带来资金运用效率不足的问题。而信贷资金由于既能起到积极的激励引导作用，还有利于形成良好的社会信用环境。信贷资金提供越充分，资金的乘数效应越明显，对农业现代化进程中的支撑作用越大，因而成为最重要的资金来源。此外，农业现代化速度越快，对农村金融的需求也就越大。

2.3 农村金融制度促进农业现代化的机制

农业现代化对农村金融制度为什么有这么大的需求呢？从生产关系必须与生产力相适应的角度来看，生产关系变革或调整都不得超前或滞后，否则会阻碍生产力的发展。制定任何经济政策或制度都必须合乎经济规律，实事求是。因此，按照生产关系适应生产力规律的要求，农业现代化的发展需要现代化的农村金融体系为之提供服务。

2.3.1 现代农村金融制度的内涵

一直以来的农民贷款难问题都没有被很好地解决，主要起因是农村金融体系仍然比较落后。在经济发展的新阶段，党的十七届三中全会提出，[①]"现代农村金融制度"应作为农村金融改革的未来目标模式，要求创新农村金融体制，放宽农村金融准入政策，加快建立商业性金融、合作性金融、政策性金融相结合，资本充足、功能健全、服务完善、运行安全的农村金融体系。根据国内相关专家学者的研究，本书认为现代农村金融制度应该具备以下内涵：一是多层次、多元化、广覆盖和可持续发展的普惠制农村金融体系。要构建一个能有效地为社会所有群体和阶层服务的金融体系，不仅为大中型企业和富裕群体服务，更要为小型企业、微型企业、农户和贫困人群提供金融服务。二是充分竞争的农村金融市场。放宽农村地区金融机构的准入政策，让不同规模、不同性质和不同地域的金融机构之间展开较为充分的竞争，促进金融利率的市场化。三是农村金融供给主体的多元化。既包括银行类金融机构，也包括非银行类金融机构如保险、证券、期货、担保等，促使不同金融机构的功能相互补充，从而为农村提供的金融服务比较全面、高效和安全。四是建立农村金融机构的现代企业制度。主要包括完善的治理机构和有效的激励约束机制；可持续的现代财务制度；吸引民间资本，构建多元化的产权结构；等等。五是合格的农村金融需求主体。要求借款人具有完备的信用记录、规范的财务制度和合格的抵押品等。六是法规政策的支持。既要通过相关政策（包括财政政策和货币政策）激励金融机构有动力服务农村，又要制定完善的法律政策和监管措施规范金融机构的发展。

因此，现代农村金融体系应该是以银行类金融机构和非银行类金融机构作为提供金融服务的主体，并以法律政策和监管措施为保障，满足农村各类经济主体的资金需求，从而推动现代农业和农村经济社会协调发展的，多层次、多元化、广覆盖和可持续的普惠制农村金融体系。在这个体系中，银行类金融机构和农村经济社会发展处于核心位置，保险、信用担

---

① 中共中央关于推进农村改革发展若干重大问题的决定 [EB/OL]. 2008 年 10 月 20 日. http：//www. china. com. cn/policy/txt/2008 – 10/20/content_16635093_3. htm.

保、证券期货等非银行类金融机构不仅为农村经济社会发展提供保障，同时也为银行类金融机构分散风险和提供担保，当然各类金融机构也能在为农村服务的同时获得足够回报和发展空间。法律政策和监管措施不仅为农村经济社会提供了保障，也为各类金融机构提供支持。具备现代农村金融制度特征的农村金融体系关系可用图 2 - 1 表示。

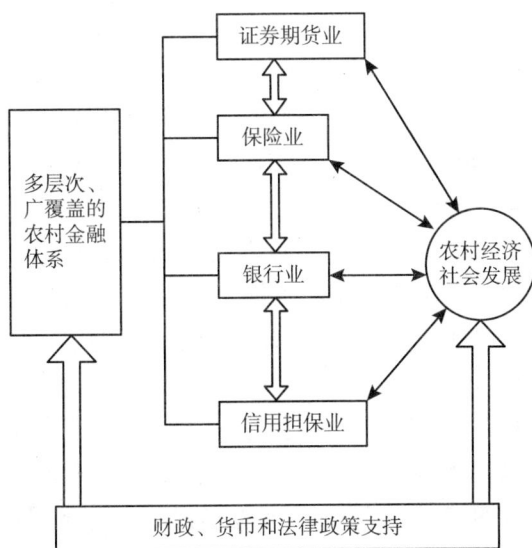

图 2 - 1　现代农村金融体系关系

按照现代农村金融制度的内涵，金融发展对农业现代化的作用机制究竟是怎样的呢？西方经济学认为，经济增长是与金融发展良性互动的，其中，物质资本、人力资本和技术进步是其重要源泉。假若农村经济主体所获金融支持不足，则资本和智力等都不可能流向相对落后的农村地区。发展中国家的农业要达到现代化的状态，现代且高效的农村金融体系非常关键，因为通过储蓄、投资及资源配置等方面的效应，金融发展会产生资本形成、资源配置和技术创新传导机制，对农业现代化发挥作用。

农业现代化需要高投入。农业现代化在准备阶段、起步阶段、成长阶段及发达阶段都离不开资金支持，并且农业现代化的各个阶段都需要不同形式、不同数量、不同性质的资金投入。没有初始阶段的投资以及后续阶段的不断追加投入，农业现代化进程就可能会中断。对此，各国政府都试图通过多元化的金融机构，积极探索建立适合本国国情的农业现代化投入机制，以不断提高储蓄投资的转化效率，支持农业现代化和农村经济增长。如美国建立了以金融市场为核心的多元化农业投入机制，法国和日本则以政策性金融作为主要的农业投入方式。

一般来说，土地、资本与劳动是促进农业经济增长的基本要素。农业生产中现代生产要素的注入实际上就是不同要素之间相互替代的过程。只有通过这种替代，才能从根本上提高农业的质态水平，增加农业的科技含量，提高农业生产率，增加农民收入。从世界各国农业现代化发展的进程来看，现代农业所需要素基本上都是以资本品形态出现的，而且都是由农业外部的其他部门如工业、教育和科技等提供的。只有通过资本积累和投资，这些生产要素才能成为加快农业现代化进程的酵素，提高农业生产的效率。由于我国农村劳动力资源数量众多、素质较低，而土地与资本资源却相对短缺，导致土地经营规模细碎化，资本不足，农业科技含量很低，农业劳动生产率难以提高，农民收入增长缓慢。因此，实现农业现代化的首要条件是资金投入。

现代生产要素的引入离不开农村金融发展。根据舒尔茨观点，要引入传统农业所不具备的知识、技术、资本等新要素，才能促进传统农业转型。但这些新要素的投入是以资本投入为前提的。结合刘易斯以农业剩余劳动力转移来推动农业现代化的观点，本书认为，要改造我国传统农业，实现农业现代化，必须在农业中引入现代生产要素。其中最为突出的要素有两个：一是科技要素。农业科技是现代农业发展的第一生产力。实现农业现代化，需要对生产要素进行重新组合，通过农业科技创新提高农业生产率，使农业生产方式和管理模式都发生深刻变革。随着农业产业化经营的不断深入，农户和农业企业的科技创新活动将逐步增多，对创新的资金需求量也逐步扩大。二是人力资本要素。人力资本是经济增长的核心，既能增加农业物质存量，也有助于保证经济增长的持续性。农业生产技术现代化和人力资本的形成都需要大量的资金投入，显然，这两个关键要素都与农村金融密切相关。

目前我国已进入城乡一体化阶段。城乡一体化的实质是统筹城乡发展，通过体制改革、机制创新和政策调整等，让农民享有与市民同等的机会和权利，使农业与工商业居于同等竞争地位；打破城乡分隔的"二元"

体制、经济和社会结构，促进城乡地位平等与资源共享，以根本解决"三农"问题。从现实来看，城乡一体化是城乡各方面协调发展的长期过程，其发展重点在乡村，需要巨额的资金投入来提升农村经济基础，缩小直到消除城乡差距。一是农村基础设施建设需要金融支持，为经济发展提供更好的平台。二是农业产业化和市场化需要信贷资金的强力支持。农业产业化是在家庭承包制基础上实现农业规模经营和引导农民进入市场的有效途径，也是进行农业战略性调整的重要带动力量。只有增强农业市场竞争力，加快推进农业产业化经营，提高农民组织化程度和农业综合效益，才能更好地实现农业现代化。据国家统计局测算，截至 2020 年，新农村建设所需 15 万亿元左右的新增资金需求总量，基本上是要靠农村金融来解决的。① 三是农民生活水平提升需要金融服务。随着农民生活水平的提高，农民具有一定的消费能力和偿债能力，不再满足于现有金融服务领域和层次，对支付结算手段、投资理财方式等有了较大的需求。

2.3.2　农村金融发展的三大效应

莱维等（1997）认为，金融系统在经济增长中的功能都是通过"资本积累"与"技术进步"路径来实现对经济增长的影响的，如图 2 - 2 所示。

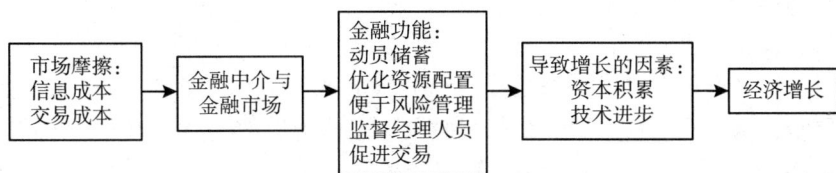

图 2 - 2　金融发展促进经济增长的路径

农村金融发展通过产生储蓄、投资和资源配置方面的效应，不断促进物质资本和人力资本的积累，以及推动技术进步，加快农业现代化进程。

一是储蓄效应。农村金融功能的完善，金融工具和产品的丰富，更能

---

① 项俊波. 完善农村金融制度，助推农业现代化 [J]. 求是，2009（1）：46 - 48.

够满足农户储蓄的愿望，金融机构则可以吸收到更多的储蓄。但是，农村金融发展对储蓄率的影响是不确定的。原因在于，农村金融发展缓解了流动性约束。如果农户能够很方便地通过金融机构获得资金，他们就不必进行太多的预防性储蓄，那么储蓄率就会降低。

二是投资效应。通常，当储蓄量一定时，农村投资的质量和水平由储蓄转化为投资的能力所决定。农村金融市场的发展促使金融服务产品和工具更加多样化，农村产业有更多的融资渠道可供选择，农民也可以在储蓄活动中用实物替代货币，从而多渠道增加农村资本积累，为农业现代化提供更多的资金支持。同时，在将储蓄转化为投资的过程中，虽然金融体系需要吸收一部分资源（如提供劳务的报酬），但金融发展能够减少金融机构所吸收的资源，促使更高比例的储蓄转化为投资，并降低储蓄转化为投资的信息成本和交易成本，更有效地提高农村储蓄者的理财水平，解决农村资金供求双方之间的信息不对称问题，减少农村资金风险。

三是资源配置效应。资源配置是金融体系的基本功能之一。若金融体系运行良好，则通过评估、甄别和监督等作用，效率高的项目将会获得金融资源。同时还能分散风险，加快技术创新。因具有分散风险的功能，可以提高资本的边际生产率，并进一步鼓励技术创新，促进经济健康稳定增长。

那么，三大效应如何作用于农业现代化呢？本书认为，农村金融发展主要通过物质资本和人力资本积累，以及技术进步等要素促进农业现代化。

第一，农村金融发展通过物质资本积累促进农业现代化。资本的来源是储蓄，即一国在一定时期内国民收入减去消费后的余额。对此，经济学家们的观点较为一致。根据 AK 模型，金融发展的三大效应决定资本积累增长率，而经济增长率与资本积累增长率相等。储蓄越高，资本积累就越多，而投资增加则储蓄投资转化率得以提高。若资源配置得以优化，则同等投资下产出更多。因此，农村金融发展不仅意味着农村储蓄率、储蓄投资转化率和投资效率的提高，还能够降低聚集小额储蓄的成本和克服因信息不对称产生的信任成本。同时，发挥农村金融机构的优势，通过允许风险规避者持有银行储蓄，对外提供具有一定流动性的非生产性资产方式，提高储蓄者资金流动性，减少农村家庭流动性风险，并将更多储蓄转化为投资，有助于促进物质资本积累。

第二，农村金融发展通过人力资本积累促进农业现代化。从理论上说，人力资本积累是依靠教育、培训、健康保健等途径来增加的，但这些途径的实现需要资金投入。农村金融发展在一方面可以允许人们为教育和培训进行融资，促使农村经济主体认识和从事专业化分工，为自身带来经济收益。在另一方面，物质资本投入是人力资本形成和积累的重要基础，农村金融部门的发展增加了物质资本投入，对人力资本形成和积累能够产生正的外部效应，可以间接提高人力资本水平，从而促进农业现代化。

第三，农村金融发展通过技术进步促进农业现代化。技术进步是指由于应用了新生产技术、新的组织和管理形式，当要素投入不变时，产出量较大，或者是产出量既定情况下，所需的要素投入量较少。技术进步可以打破传统农业的"低水平陷阱"，促使农业生产率不断提高，农产品产量和农业剩余劳动力增多，为现代非农产业提供了物质资本和人力资源，有利于改变发展中国家二元结构状况。从理论上说，金融系统具有评估、甄别和监管功能，并能分散风险，可以将创新活动的预期利润显示出来，提高创新活动成功的概率。在现实中，如果农村金融发展比较落后，仅凭农户自身拥有的储蓄不可能提供其采用新技术所需的投资资金，自我融资不足严重阻碍新技术向传统技术范围渗透的投资战略。金和莱维（1993）指出，由于投资项目有最低规模限制，必须要由金融机构来集聚分散的资金，向技术创新项目投资，从而改善资源配置，推动技术创新。因此，农村金融发展可以通过有效地动员社会储蓄资源用于项目投资，促使农户或农业企业采用更加先进的技术。

2.3.3　农村金融发展促进农业现代化的机制类型

1. 资本形成机制

在经济增长的影响因素中，资本的贡献起着举足轻重的作用。资本形成是决定农业现代化能否成功的重要因素之一。在发展经济学中，资本形成是指经济落后国家或地区通过何种方式筹集足够的初始资本，以实现经济起飞和现代化的过程。一般来说，资本形成过程可以分为储蓄形成和储蓄转化为投资两个阶段。储蓄形成阶段也就是资本积累阶段。金融体系可以通过加速流动性、分散风险、降低信息成本等，将经济系统中分散的资金以储蓄方式实现快速和大规模集聚，从而为各类经营项目提供足够的资本。储蓄转化为投资阶段是储蓄转移和使用阶段，就是通过一定的机制，在多种因素的作用下，将储蓄的资金从储蓄者手中转移到投资者手中。但是储蓄形成只不过是资本形成的资金准备阶段，而储蓄向投资的成功转化才是资本形成的关键阶段。只有实现储蓄向投资的"惊险的一跳"，储蓄的资金才能真正形成资本，也才能发挥对经济增长的重要作用。而且在某种意义上，现代农村金融制度的明显优势之一就是，能够区分不同资金使用效率的群体和组织，从而将金融资源配置给效率最高的人来使用，这应该是比资本积累更要关注的问题。

联系我国农村地区的实际情况，金融发展促进农业现代化的资本形成机制，是指以市场化为导向，通过商业性金融的利益竞争机制和政策性金融的矫正补缺机制，来优化金融资源的配置，从而为农业现代化提供足够的资金支持。当前，我国已形成由合作性金融、商业性金融和政策性金融构成的农村正规金融体系，其中，合作性金融属于农村政策性金融的最早载体，而且我国的农村信用社实际上具有商业性与政策性，但放贷基本按商业性原则。因此，本书根据商业性金融和政策性金融在农业现代化进程中所起作用的地位变化，将金融发展促进农业现代化的过程分为两个阶段。

在政策性金融主导阶段，由于农业生产具有投资周期长、收益低、风险大等特性，以流动性、安全性、收益性为经营原则的商业性金融一般不愿介入，给现代农业的准备阶段、起步阶段、初步实现阶段造成一定的资金缺口，从而要求政策性金融能够介入农村金融市场对农业进行扶持。因此，国家通过农业银行、农业开发银行、担保机构以及保险机构等政策性金融机构所拥有的政策和信息优势，遵循政策性金融为主、商业性金融为辅的原则，引导和发掘现代农业发展项目，以较少的政策性资金作为引导性投资，激励和吸引更多的商业性金融机构跟随投资，以此方式逐步引导更多的商业性资金投向于现代农业项目。

在商业性金融主导阶段，政策性资金流向现代农业项目或经营主体往往传递给商业性金融一个强大的信号，表明投资于现代农业项目或主体是有利可图的。在此条件下，商业性金融机构通常基于自身利润的考虑，就会对现代农业项目或主体的财务状况、盈利能力、现金流量、人力资源、发展战略和行业环境等进行分析及甄别，根据筛选结果，寻找符合条件的贷款对象，将资金贷放给农业经营主体。当商业性金融对某个现代农业项目或主体的投资热情高涨的时候，政策性金融机构就可以从中择机退出，再选择其他现代农业项目或主体进行投资引导，从而开始另一轮新的循环。

上述对农业现代化进程中资本形成机制的描述表明，需要诸多条件才能顺畅地发挥该机制的作用。

首先，确立农村金融机构的法律地位。金融机构的法律地位是明确其法律属性、规范金融机构高效运行、保障资金安全、促使各类金融机构之间优势互补，从而有效发挥其支农功能的重要条件。无论是商业性金融机构还是政策性金融机构，其金融服务活动都不是截然分开的，都需要以法律形式确立其业务范围、运行机制以及与政府部门之间的关系，这样才能促使其金融服务对象能够正确定位，共同有效地为现代农业服务。

其次，建立金融机构的高效运行机制。金融机构的支农目标取决于其运行机制是否高效。虽然政策性金融的经营目标不是利润最大化，但是仍然必须实行保本微利经营，这样才能继续生存和发展。因此，在农业发展政策指导下，需要参照商业性金融的运作模式来自主决定现代农业发展项目。商业性金融机构遵循的是市场化经营原则，其逐利的特性必然要求其资金运动以收益性、安全性、流动性为经营导向。假若贷款给予风险较大的农业项目，"硬约束"就会产生。但若政府干预商业性金融机构的信贷决策，则商业性金融被当成"第二财政"，就会产生"软约束"，相应的农业信贷活动就可能减少甚至不进行，我国农业银行支农发展历程就验证了这一观点。

最后，发挥金融机构的实力。要引导商业性金融贷款给农业，政策性金融机构需要有一定的实力，其实力越大，发挥的引导作用就越大。但政策性金融机构实力需要通过立法来保证财政资金持续稳定的注入。商业性金融机构的实力决定着政策性金融引导效应，对现代农业的资本形成起着非常重要的作用。若商业性金融实力不足，那么政策性金融的引导效应也不会很大。特别是当商业性金融实力几乎没有时，政策性金融常起着"第二财政"作用。当然，商业性金融实力可以从质和量两个方面来衡量。

此外，单靠银行等金融中介并不能完全满足现代农业尤其是现代农业初创时期对融资的需求，还需进一步发展农村资本市场。促进现代农业的资本形成需要一个完善、多层次的资本市场体系。与金融中介机构的资本形成机制相比，资本市场对农业现代化更具有特别的意义。这主要是因为，金融中介机构提供的常常是小规模和短期性的资金，无法与现代农业资金需求长期和大额的特性相匹配。在资本市场中，无论是期限结构还是融资规模，现代农业经营主体都可以有更多的选择，比如，股权投资基金、产业投资基金及各种风险投资基金等都可以成为现代农业获取资金的重要来源。

2. 资源配置传导机制

资金是资源配置的核心。金融体系通过识别投资风险和回报率大小，通过市场竞争有选择性地引导资金流向比较优势产业，提高其资源利用效率。金融资源有效配置能够保障金融业的资本安全性，促进行业市场竞争力的提高。对于现代农业，可以通过市场或管制配置途径来实现。市场化配置就是金融机构通过市场机制作用，自发选择对现代农业投资，承担风险并分享高收益，从而完成的金融资源配置。管制性配置则主要利用政府力量，优先考虑向现代农业倾斜的金融资源配置。随着金融自由化水平的提升，金融产品创新活动也日渐增加，金融对产业资本的影响范围不断增大，优化现代农业的资本结构，并推动现代农业发展规模的扩大和发展层次的提高。在利益驱动和体制监管下，金融体系会持续实现资源分配的"帕累托最优状态"，提升现代农业领域的金融资源配置效率，在支持现代农业发展的过程中实现现代农村金融体系自身的发展。

3. 技术创新传导机制

如前所述，生产技术科学化是农业现代化的动力源泉，影响着农业生命周期的各个阶段。在现代农业发展过程中，农业技术创新离不开良好的金融支持，因为良好的金融体系具有甄别高新技术项目的能力，满足技术进步的资金需求，并分散风险。具体来说，金融体系影响现代农业的技术创新主要是通过以下功能来完成的：（1）动员储蓄。金融市场如果是多层次、多样化和广覆盖的，则可以将分散的资金集聚起来，为高效率地转化为投资准备储蓄。（2）信息揭示。金融中介和金融市场具都具有传递信息的功能，将有关现代农业技术创新的特性、潜在市场价值和成功概率等信息通过价格和非价格信号向投资者传递，并能够实现技术创新信息的汇集和沟通，密切联系农业技术创新的相关各方，促进技术创新活动的顺利开展。（3）风险管理。技术创新过程中出现风险是不可避免的，对此，金融体系主要是通过向不同市场主体提供差异化的金融工具或产品，对风险进行分散管理。既降低原有风险，也共同分散技术创新的风险，将不同市场主体联系在一起，充分发挥各市场主体的能力优势并保证其利益，推动投资转向风险较大的技术创新活动，从而促进技术创新和现代农业发展。（4）监督治理。当金融体系选择了符合条件的技术创新并对其提供资金时，必定会关注资金运用方向和效率。

2.4　本章小结

作为我国现代化不可缺少的部分，农业现代化的内涵是随着经济发展和技术进步而赋予新的内容。与我国传统农业相比，现代化的农业是农业发展的最理想状态。农业现代化具有生产技术科学化、农业产业化、农业信息化和较高的人力资本等特点。我国的现代化应当是工业和农业、城市和乡村共同发展，农民与市民共享发展成果的全面现代化。这意味着农业现代化不是一个孤立的过程。一方面，实现农业现代化不能忽视农村和农民的现代化。另一方面，农业现代化是与工业化、信息化和城镇化相互关联的。实现农业现代化，不仅应该创造各种条件促进农业剩余劳动力的自由流动，而且还应该提高农业引入资金、技术等新要素的机会和能力，加大农业投入，增强农业提供剩余的能力，促使工农业的发展走向均衡。同时，信息化是农业现代化的核心要素之一，要加快信息化与农业现代化的融合。

农业现代化对农村金融制度的需求衍生于对农村金融的需求，通过农村金融制度的适当安排，农业现代化对农村金融产品和服务的需求可以得到满足。与传统农业不同，农业现代化对农村金融的需求是不断扩大的。

在农业现代化进程中，农村金融需求来自两个方面：一是农民生产生活方式的变化所引起的个别需求；二是农业现代化外在条件变化所引起的公共需求。无论是个别的金融需求还是公共的金融需求，都与我国城镇化发展密切相关。在农业现代化进程中，城镇化的战略作用主要表现在：激发投资农业的资金需求、扩大农村基础设施和公共服务等方面的资金需求、刺激农民生活方面的金融需求等。当前，我国农业现代化所需的资金主要来源于政府财政投入和信贷资金投入两个方面。但是政府财政资金远远无法满足城镇化建设的巨额需求，而且行政划拨资金等非信贷资金往往会造成资金使用效率不足等问题，而信贷资金有利于形成良性社会信用环境，起着积极的激励引导作用，因此是农业现代化最重要的资金来源。

按照现代农村金融制度的内涵，金融发展对农业现代化具有良好的作用机制。农业现代化需要高投入。在西方经济学理论中，经济增长与金融发展是良性互动的，土地、资本与劳动是其基本要素。假若农村经济主体所获金融支持不足，则资本和智力等都不可能流向相对落后的农村地区。在农业现代化进程中，农村金融发展通过产生储蓄、投资和资源配置方面的效应，不断促进物质资本和人力资本的积累，以及推动技术进步。

第3章　农村金融制度发展的
供求障碍分析

长期以来，我国农村金融制度发展面临金融供求方面的障碍：农村金融供给受到约束，农业现代化主体存在金融需求抑制，影响了我国农业现代化进程。

3.1　农村金融供给约束分析

农村金融市场是农村重要的要素市场，金融供给是农村地区资本积累和资本形成的重要源泉。从目前农村金融供给现状看，农村资金主要有两大来源：一是农民自筹资金，表现为农村储蓄的积累，主要取决于农民收入高低；二是外部资金注入，表现为金融机构支农贷款、国家财政支农、农业保险以及开放经济条件下的外商投资。但这些资金来源受到多种条件的限制，从而对农村金融供给形成约束。

3.1.1　农村储蓄供给

农村储蓄主要为农户储蓄。农户是我国农业生产的最基本经营主体，作为独立的生产实体和基本的消费单位，农户兼具农村资金供给者和需求者的双重角色。作为农村资金供给者，传统农户主要通过储蓄方式提供资金。虽然国家提倡金融市场多元化发展，但是农民剩余资金的投资渠道仍然比较单一，储蓄成了投资的一种替代。熊学萍等调查证实，传统农户有着强烈的储蓄存款偏好，在农村信用社、农业银行和邮政储蓄银行储蓄额

度占农户储蓄总额高达 78.78%（如表 3 – 1 所示）。这主要有两个方面的
原因：一是对农村金融机构比较信任以及受到存款地选择惯性的影响；二
是金融机构地理位置和便利程度也是影响农户选择存款地的重要因素之
一。多年来，由于各大商业银行纷纷从农村收缩撤并，农户必然把农村信
用社作为最佳的存款地。但有时候因农村信用社汇路不畅，有些农户为了
给在外地上学的子女汇款，也可能选择农业银行等其他金融机构。

表 3 – 1　　　　　　　　传统农户对存款机构的选择

存款机构选择	农村信用社	农业银行	邮政储蓄	其他银行	放在家里	未回答
户数（户）	86	60	10	19	9	18
比例（%）	43.43	30.30	5.05	9.6	4.54	9.09

资料来源：熊学萍等. 农户金融行为、融资需求及其融资制度需求指向研究——基于湖北省
天门市的农户调查 [J]. 金融研究，2007（8）：167 – 181。

从历史数据来看，随着我国家庭经济收入、人口规模和结构的变化，
农户家庭人均储蓄水平也发生显著变动，农户储蓄存款增速比同期经济增
速和农户收入增速高得多。1978 年至 2009 年间，我国 GDP 增长 86.15
倍，农户人均纯收入由 133.6 元增至 4760.6 元，增长 35.6 倍。而同期农
户人均储蓄存款却增长 818 倍，远超过农户人均纯收入的增速。[1] 可见，
农户储蓄率明显提高。高储蓄率引起两种结果：一是农户边际消费倾向持
续降低；二是农村储蓄资金加速外流，农村和农业的资金投入不足。虽然
自 20 世纪 90 年代中后期以来，政府为了将居民的银行储蓄调入市场，先
后连续多次降低银行利率，并开征利息税，但农民的储蓄存款率依旧上
升。这说明，赚取利息明显不是农民储蓄的主要目标，造成中国农村高储
蓄率的因素既有信贷市场不完善所导致的流动性约束作用，又有农户风险
应对日常生产生活中不确定性影响的考虑。

在不确定性和流动性约束的影响下，传统农户有着明确的预防性储蓄
动机，主要表现在：第一，建房。住房是农民最大和最重要的资产，因此
住房投资非常重要。中年成员家庭因子女结婚建房，所以有着强烈的建房
储蓄动机。低年龄家庭则因刚刚成家，新房建成不久，高年龄家庭因已经

---

[1]　数据来源于《中国农村统计年鉴（2011）》和《中国金融年鉴（2011）》。

满足建房需求，所以建房储蓄的动机不明显。第二，应付突发事件。由于主要从事农业生产，传统农户的收入容易受到气候条件、自然灾害、病虫害以及农产品价格波动的影响，各项公共产品和服务在农村也相对缺乏。在现代农业保险制度缺失和贷款难的条件下，储蓄一部分现金可以应急。第三，养老。目前，养老保险、医疗保险、最低生活保障等制度在农村的覆盖面和保障程度都明显低于城镇。尤其是养老问题对农户储蓄的影响越来越大。年龄越大，对养老储蓄的选择就越重视，养老储蓄的比重就越高。这说明亟须完善农村社会保障体系。第四，为子女接受良好的教育。户主的文化程度越高，对子女教育就越重视，因而为子女接受良好教育的储蓄就越多。

尽管农户储蓄的目标非常明确，但不可否认的是，家庭收入高低是农户储蓄多少的必要条件。从数量上测算，储蓄是收入的函数，一般用居民家庭一定时期内（通常为一年）的可支配收入减去消费得到储蓄，储蓄与可支配收入之比即为储蓄率。因此，农户储蓄额度等于农户可支配货币收入减去必要生活支出后的节余。农户储蓄额与储蓄率均随家庭收入增加而上升。

传统农户土地经营规模小，风险大，收益低，很难有更多的剩余资金进行储蓄，储蓄愿望和储蓄率虽高，但最终的储蓄额度并不高。统计数据表明，农户人均储蓄水平明显远低于城镇人均储蓄水平（如图 3 - 1 所示）。

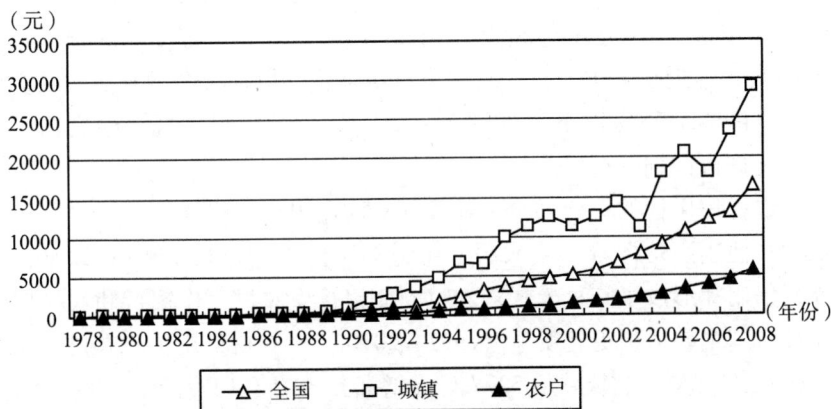

图 3 - 1　城乡人均储蓄存款

注：农户储蓄为农村合作银行、农村商业银行和农村信用合作社吸收的储蓄存款。

资料来源：中国人民银行，中国金融学会.中国金融年鉴（2011）［M］.北京：中国金融年鉴杂志社有限公司，2011 年 11 月.

2000 年以前，农户年人均储蓄存款处于 2000 元以下，2000～2010 年期间我国农户人均储蓄水平逐年增长，到 2010 年农户年人均储蓄额才达 5000元。而且因经济发展程度不同，农户人均储蓄金额也存在差异。与发达地区相比，欠发达地区农户经济实力较低，农户人均储蓄额较小。

3.1.2　金融中介对农村的资金供给

现阶段我国金融中介在农村地区呈现出正规金融与非正规金融二元并存的普遍现象。因农业生产具有风险大、收益低、投资周期长等特性，在市场化经营目标下，正规金融未能有效发挥支农功能，而非正规金融组织也未能提供足够支农资金，所以与完成农业现代化历史性任务的要求相比，现有金融中介体系对农村资金供给显然不足。

1. 正规金融机构对农村的资金供给

（1）正规金融供给现状。正规金融机构在农村地区主要有农村信用社、农业银行营业网点和邮政储蓄银行等。当前正规金融机构对农户提供的基本上是生产性资金，消费贷款极少。2008 年末农户贷款 1.5 万亿元，其中生产性贷款占 86.7%，消费性贷款只占 13.3%。[1] 农业部农村固定观察点调查数据显示，[2] 自 1986 年以来，我国农户家庭户均借款额度由1986 年的 193.11 元上升到 2009 年的 2384.32 元，增长了 12.35 倍，年均增幅达 49%。近年来国家支农政策虽有所强化，但正规金融对农村的资金供给一直停留于 38% 以下（如图 3－2 所示）。下面对正规金融机构资金供给情况进行详细分析。

①农村信用社的资金供给。随着国有商业银行大规模从农村撤并，农村信用社便逐渐发挥着"支农服务主力军"的作用。自 1996 年以来，我国农村信用社形成了三种模式：农村商业银行、农村合作银行和农村信用合作社，其主导地位更趋明显。1997～2010 年，农村信用社等农村合作金融机构对"三农"的贷款从 5277 亿元增加到 38743.18 亿元，占涉农总贷

　　① 中国人民银行，中国金融学会．中国金融年鉴 2011 ［M］．北京：中国金融年鉴杂志社有限公司，2011 年 11 月．
　　② 农业部农村固定观察点．全国农村固定观察点调查数据汇编（2000～2009）［M］．北京：中国农业出版社，2010．

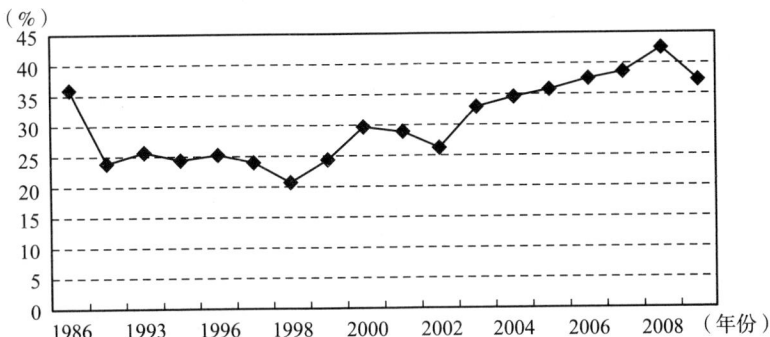

图 3 - 2　农户借款中来自银行、信用社等正规金融机构贷款的比重

资料来源：（1）中国人民银行，中国金融学会. 中国金融年鉴 2011［M］. 北京：中国金融年鉴杂志社有限公司，2011 年 11 月。（2）中共中央政策研究室，农业部全国农村固定观察点. 全国农村社会经济典型调查数据汇编（1986~1999）［M］. 北京：中国农业出版社，2001。（3）农业部农村固定观察点. 全国农村固定观察点调查数据汇编（2000~2009）［M］. 北京：中国农业出版社，2010。

款的比重一直维持在 63% 以上。[①] 特别是近年来，农村信用社农业贷款占全部金融机构农业贷款的九成以上。[②] 在缺乏竞争的情况下，农村信用社具有贷款利率"强势"定价权，尤其在利率限制取消后，部分信用社贷款利率甚至一浮到顶，农民承受的贷款利率压力更大。

需要指出的是，农村信用社的主导地位在很大程度上是因国有商业银行从农村金融市场退出而引致的，并非通过市场竞争形成的。由于中央和地方政府对于农村信用社不仅提供资金支持，还提供政策支持，其中最重要的就是金融监管部门实施的市场准入管制。商业银行的退出和新设机构的被限制，为农村信用社留下了大量空白地带，从而使之在农村金融市场基本上没有实力相当的竞争对手。尽管如此，农村信用社仍然存在难以满足农村经济主体资金需求的一些问题。一是农村信用社经营目标的多元化。当前农村信用社既有追求自身利益的商业化目标，又需要执行政策性和合作性的功能，从而经营目标多元化，这必然对信用社的资金供给造成限制。二是内部治理结构不完善，产权不明晰，历史坏账问题较多，难以形成自我发展机制。三是服务方式和手段落后，导致农村信用社吸收农村

① 数据来源于《中国金融年鉴（1997~2010）》和《中国农村金融服务报告（2010）》。
② 国家统计局浙江调查总队课题组. 农村金融问题：凸显信贷资金难以流向农村——基于浙江两百家种植和养殖大户问卷调查［J］. 浙江经济，2013（3）。

储蓄较少，存款增速很慢。

尽管被称为金融支农服务的主力军，但实际上农村信用社历来却是农村资金大量外流的一条重要通道。因此，涉农贷款如何真正"涉农"受到质疑。1996~2002年间，经由农村信用社流出的农村资金由1912亿元增加到5473亿元。[①] 农村信用社还存在"惜贷"心理，某种程度上已经背离"合作"的原则。2004~2009年农村信用社"三农"贷款占总贷款比重曾经一度逐年下降，从2004年44.62%下降到2009年20.53%（见图3-3），[②] 表明农村信用社的商业化倾向越来越明显，不能做到"取之于民，贷之于民"。

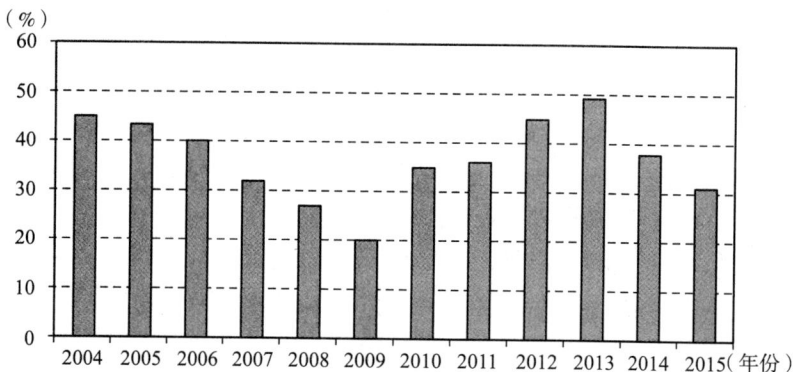

图3-3　农村信用社的"三农"贷款占比

资料来源：（1）国家统计局. 全国年度统计公报 [EB/OL]. http：//www. stats. gov. cn/tjsj/.
（2）《中国农村统计年鉴（2011）》和《中国农村金融服务报告（2014）》。

②商业银行的资金供给。自20世纪末以来，各大商业银行包括农业银行在内纷纷收缩撤并在农村的营业网点，对分支机构的贷款权基本上都取消了，但仍然保留农村剩余资金的吸存功能，用高利率鼓励支行上存资金，导致农村分支机构的信贷功能严重萎缩。究其原因，商业银行不愿选择农户作为贷款对象，其中农业银行目前虽有涉农贷款，但一般不直接面向个体农户，主要是面向农村基础设施及农业龙头企业的。因此，商业银

---

① 鞠荣华等. 我国农村金融市场资金供求分析 [J]. 中国农业大学学报，2009（4）：137－142.

② 王文莉，罗新刚. 农村信用社支农服务问题及其改革路径研究 [J]. 宏观经济研究，2013（11）：60－68.

行不仅未给农户发放贷款，相反却从农户手中吸收存款，在商业银行利润最大化目标下造成所吸收的农户存款大量流出农村。据统计，① 各类商业银行吸收的年农村存款额达 6000 多亿元，而对农村只放贷了 3000 多亿元，净流出 3000 亿元左右。

③邮政储蓄的负向供给。现阶段，我国邮政储蓄绝大部分机构分布在农村，网点遍布全国城乡各地。由于利用了农村网点较多的优势，邮政储蓄在农村金融市场能够与农村信用社展开较为激烈的竞争。邮政储蓄在农村以前从事"只存不贷"的经营业务。2007 年后，邮政储蓄银行已成功组建，虽开始从事涉农贷款业务，但对农村的资金支持效果仍有待考察。

（2）正规金融机构的市场化经营本质。从理论上说，农业是我国国民经济的基础产业，理应成为国家金融的支持领域。但在实践上，作为自负盈亏的市场主体，正规金融机构经营的是商业资金，为追求利润的最大化，必定遵循安全性、流动性和盈利性的"三性"原则。尽管我国传统农户向来具有诚实守信的优秀品格，违约的可能性较小，但由于农业生产的特性，正规金融机构可能因农业歉收而遭损失，所以，供求两方面因素使得正规金融支农功能难以提高。

当前我国农户的条件并不完全符合金融机构市场化信贷要求。一方面，是因为农业风险大、收益低、投资周期长无法保证农户能够按期还本付息，正规金融机构的收益很难得到实现，甚至有时成本也难以收回。另一方面，农户经营分散且规模小，正规金融机构难以实现规模效益，借贷的交易成本和管理费用也比较高。同时，金融市场中信息不对称现象十分普遍，农户的机会主义行为可能给正规金融机构带来损失的风险，使之难以实现预期收益。另外，农户对土地享有产权的不完整也造成了贷款收益的不确定性。因此，农村正规金融机构对农户表现出明显的"惜贷"和"慎贷"行为，并没有根据农户小规模、分散性和缺乏抵押物的特征而设计相应的信贷合约和风险管理机制，而是以信贷配给方式授予资金，致使农户一直面临严重的贷款难问题，而且正规金融机构自身对农户贷款的交易费用也确实较高。虽然国家制定了支持"三

---

① 杨育民等. 农村金融制度缺失及其补偿 [J]. 中国农村观察，2006（2）：57 - 63.

农"发展的政策,但收效甚微。正规金融机构之所以没能按政策意图为农户提供足够的资金支持,原因在于其市场化经营目标的存在。

当然,正规金融机构坚持市场化经营原则,对农户贷款采取"惜贷"和"慎贷"行为是具有一定的合理性的。从交易费用角度来看,由于我国农户经营高度分散、收益低、贷款额度小以及农村社会征信体系的不完善,农村正规金融机构在管理、交易手续、信息收集甄别及宣传等方面的外在交易费用明显要高于城市。根据谭露等人(2009)的抽样调查,在农村每万元贷款中,信息费用平均高出城市24%左右,交易手续费用平均高于城市50元左右,而营运成本最高可达融资总额的6%~7%(不包括利息支付),高于其他贷款2~3个百分点。同时,农村正规金融机构的内生交易费用也较高。我国农村地区征信体系不完善,金融机构因缺乏资产信息,无法对农户的收入、财产等方面作出合理评估。熊建国(2006)发现,96%以上的农户无融资历史记录或资料,更不用说资信档案。农村中介机构缺失,财产、收入等资产信息只能由村行政管理机构提供。同时,农村信用担保和保险机构的缺失,农村金融风险补偿能力较弱,致使农村正规金融机构信贷收益难以保证。据《中国农村金融服务报告2010》显示,[①] 截至2007年末,我国农业保险的保费收入仅51.8亿元,承保农作物2.31亿亩,大小牲畜5771.39万头(只),家禽3.25亿羽(只),仅能够为农业生产提供1126亿元风险保障。此外,农户地域高度分散,金融监管难度大、成本高,加上执法不得力,农户违约成本降低,机会主义行为的可能性增大,导致农村正规金融机构的经营风险也相应增大。据央行统计数据显示,[②] 2007年末,我国县域金融机构不良贷款率达13.4%,而同期四大商业银行不良贷款率仅为8.4%。

因此,对农户贷款的较低收益、较长的投资周期、较高的交易费用,较大的经营风险,使得正规金融机构必然会作出收缩农村市场的选择。加上"重工业优先发展策略"的实施,农村资金流向非农产业和城市便有了政策意图,出现"金融的城市偏向",从而使得农村金融供给出现严重不足。

---

① 中国人民银行农村金融服务研究小组. 中国农村金融服务报告2010 [M]. 北京:中国金融出版社,2011.

② 谭露,黄明华. 基于交易费用视角下我国农村金融弱化问题研究 [J]. 金融经济,2009(10):92-93.

（3）正规金融供给不足的原因：基于信贷配给的解释。在正规金融市场化经营目标下，农户借贷行为受到信贷配给的约束。本书主要在经典 S－W 模型（斯蒂格利茨和威斯，1981）的基础上添加借款合约的交易成本和农户规模等因素，以拓展分析和解释为什么农户特别容易受到信贷配给。一般而言，信用社之所以对农户实行信贷配给的很重要原因之一是，相对于额度较大的借款，额度偏小的单位交易成本往往更高，所以信用社通常都不乐意向农户和中小企业提供贷款。

假定农村信贷市场现有两类主体：连续多个农户和信用社。农户风险偏好中性，且大致可分为两类：一类初始资产 G_i^1；另一类初始资产 G_i^2，$G_i^1 > G_i^2$，即前者资产规模要大于后者资产规模。第 i 个农户项目成功的概率为 P_i，收益是 R_c，此时信用社收益为 R_b，$R_c \geqslant R_b = L(1 + r_1)$，L、$r_1$ 分别是信用社贷款额和对应利率。两类农户项目成功的平均概率分别为 $\overline{P_1}$ 和 $\overline{P_2}$，且 $\overline{P_1} > \overline{P_2}$。

继续假定信用社信贷资金充足，存款利率为 r_d，信用社只知道农户的平均概率 $\overline{P_1}$ 和 $\overline{P_2}$，却不清楚成功的具体概率 P_i，所以要求农户提供抵押品 C，$C = f(G)$，$\partial C / \partial G > 0$，且 $0 \leqslant C \leqslant G_i$，每单位抵押品是原值的 θ 倍，$0 \leqslant \theta \leqslant 1$。信用社贷款审查成本为 N，其大小决定于信用社与农户之间信息不对称程度 ω，$N = f(\omega)$，$f'(\omega) > 0$。信用社同农户签约 H｛R_c，C，p｝，若农户如期还贷，则能得到额外收益 R^e。假若农户投资项目成功，还款履约率是 ε，信用社所得贷款收益是 $R_b = L(1 + r_L)$，农户的收益是 $R_c - R_b + R^e$；假若农户投资项目失败，就会被迫违约，此时信用社可以扣得价值为 θC 的抵押品，而农户则会蒙受抵押品 C 的损失及名誉声望等方面的综合损失与失败惩罚 S。

基于假定条件，可导出信用社向农户贷款后的预期收益函数：

$$X_b = p\varepsilon R_c + (1 - p\varepsilon)\theta C - N - L(1 + r_d) \qquad (3-1)$$

同理可得农户获得贷款投资项目成功的预期收益函数：

$$X_c = p\varepsilon(R^e + C + S - R_c) + pR_c - C - S \qquad (3-2)$$

①信用社接受农户申贷行为的条件。只有当符合下式约束条件时，信用社会考虑向农户提供贷款：

$$X_b = p\varepsilon R_c + (1 - p\varepsilon)\theta C - N - L(1 + r_d) \geqslant 0 \qquad (3-3)$$

对上述隐函数求出一阶导数和二阶导数：

$$\partial R_c / \partial C = -\theta\left[(1-p\varepsilon)p\varepsilon\right] < 0 \qquad (3-4)$$

$$\partial(\partial R_c / \partial C) / \partial p = (\theta / \varepsilon)(1/p^2) \qquad (3-5)$$

由式（3-4）、式（3-5）可得农村信贷市场均衡时信用社的等期望收益函数：

$$R_c = f(C, p) \qquad (3-6)$$

假设等期望收益为 R^*，对应的抵押品价值和项目成功概率分别是 C^* 和 p^*，则农村信贷市场均衡时信用社等期望收益函数应该满足的条件是 $C \geqslant C^*$。

$$C^* = \left[N + L(1+r_d) - p^*\varepsilon R_c\right]/(1-p^*\varepsilon)\theta \qquad (3-7)$$

②农户愿意申贷的条件。只有当符合下式所列条件时，农户才会考虑向信用社申请贷款：

$$X_c = p\varepsilon(R^e + C + S - R_c) + pR_c - C - S \geqslant 0 \qquad (3-8)$$

对上述隐函数求出一阶导数和二阶导数：

$$\partial R_c / \partial C = -\theta\left[(1-p\varepsilon)/p\varepsilon\right] < 0 \qquad (3-9)$$

$$\partial(\partial R_c / \partial C) / \partial p = -\left[1/(\varepsilon p^2)\right] > 0 \qquad (3-10)$$

由式（3-9）可知，R_c 与 C 呈反向关系，二者的边际替代率为 $-(1-p\varepsilon)/p\varepsilon$。这意味着，当信用社提出需要更多抵押品时，申贷农户还贷意愿水平较低，反之则反是。

③相关变量的变化对于银行预期收益的影响。

a. 抵押品的影响。对式（3-1）求导可得出信用社预期收益与农户抵押品价值之间的关系：

$$\partial p / \partial C = (1-p\varepsilon)\theta > 0 \qquad (3-11)$$

可以看出，信用社预期收益与农户抵押品价值同向变化，由此得出，不能提供足够抵押品是农户被实行信贷配给的重要因素之一。

b. 厂商规模的影响。基于农户经营规模的信用社预期收益函数可表示为：

$$X_b = p\varepsilon R_c + (1-p\varepsilon)\theta \cdot f(G) - L(1+r_d) \qquad (3-12)$$

对式（3-12）求导，可得：

$$\partial X_b / \partial G = (1-p\varepsilon)\theta(\partial C / \partial G) > 0 \qquad (3-13)$$

由式（3-13）可知，信用社预期收益与农户经营规模呈同向变化，即农户经营规模越大，信用社预期收益越高，这说明为何我国农户和中小企业更加容易受到信贷配给。

c. 信息不对称程度的影响。基于信用社与农户之间信息不对称程度的信用社预期收益函数可以表示为：

$$X_b = p\varepsilon R_c + (1 - p\varepsilon)\theta C - f(\omega) - L(1 + r_d) \qquad (3-14)$$

对式（3 - 14）求导可得：

$$\partial p / \partial \omega = f'(\omega) < 0 \qquad (3-15)$$

由式（3 - 15）可以看出，信用社预期收益与农户之间的信息不对称程度呈现反向变化，借贷双方的信息不对称程度越深，信用社预期收益就越少，因此，农村信贷市场上的信息不对称程度也是影响信用社预期收益的重要因素。

2. 农村非正规金融组织的资金供给

正规金融对农村经济主体资金供给的不足给非正规金融留下了成长空间。农村非正规金融在我国已经有相当长的历史，它同市场天然接近，是获利机会诱导下民间自发形成的一项制度安排，对市场信号的反应相对更为灵敏和迅速。它在被政府承认或实施有关强制性制度之前填补了正规金融未能涉及而市场又有需求的领域，对活跃农村金融市场、扩大农村生产经营规模、提高资金配置效率、促进农村非公有制经济发展等都起着一定的正面作用。由于监管手段和措施不得力，农村非正规金融活动常常处于非法经营状态，其交易参与者往往对该市场存在及具体交易细节保密，所以准确估计农村非正规金融规模的确非常困难，甚至是不太可能。尽管如此，围绕我国农村非正规金融状况，很多学者还是进行了大量典型调查，并作出了粗略估计。总体上来看，非正规金融组织对农户的资金供给所占农户借款比重并不大。原因在于，农户通常很少通过非正规金融组织获得借款，却更倾向于从亲友处获得互助的无息借贷。非正规金融组织因存在利率水平较高、惩罚过于严厉等因素引起的信贷配给，而亲友间的频繁交往免不了互济帮困，无息借贷的隐性人情成本虽高，但显性融资成本更低，人情味更浓，所以，亲友间无息友情借贷在农户借款总额中常占有较大比重，从而将非正规金融组织借款挤出。钱水土等（2008）对浙江的调查发现，非正规金融市场上主要是亲友借贷（50.4%），其余为民间合会（32%）、钱中钱背（14.3%）、其他（3.3%）。可见，农村非正规金融组织对农户的资金供给仍然是不足的。

3.2　农村金融需求抑制分析

　　上节讨论信贷配给时隐含着一个假设：农户的金融需求特别强，正规金融机构只要愿意放贷，农户就能实现借贷的愿望。事实上，农户借贷行为所受的约束不仅来自信贷配给，还来自农户自身的需求抑制。农户对借贷资金的有效需求不足必然形成和加剧农村金融抑制。一是正规金融机构的信贷配给机制与农户较弱的偿债能力，降低了农户获得借款的预期。二是较高的正规借贷交易成本与农户风险规避行为交互作用，提高了农户所感知的信贷成本并降低其预期收益。在有偿付能力时若农户借款的预期收益较高且不存在非正规金融组织，那么农户对正规金融机构借款需求可能就会增强；相反，若农户借款的预期收益率较低且存在其他更为便利的借贷方式，农户对正规金融机构的资金需求可能就会降低，产生农村需求型金融抑制。如果农户不具备偿付能力，那么需求抑制更为明显。

3.2.1　传统农户金融需求的基本情况

　　需求是经济学中的基本因素，农户的金融行为是由金融需求来导向的。现阶段我国农村经济是典型的小农经济，与小农金融需求研究相关的有两个代表性命题：一是强调"理性小农"的"舒尔茨－波普金命题"。[①]即中国小农追求生存更理性。二是"生存逻辑"命题。小农宁可避免经济灾难，也绝不可能为了追求收益最大化而冒险。同时，小农经济具有明显的"拐杖逻辑"特点，即小农的收入等式是农业收入加非农收入，后者是前者的拐杖，对于农户借贷倾向影响很大。当农业收入不足以提供生产资金时，农户便以非农收入弥补。若非农收入恰好弥补了农业收入的不足，则生产借贷便不会发生。反之则反是。因此，在传统农业生产中，小规模家庭经营是主体，其金融需求不仅非常小，而且主要表现为借贷需求。

---

　　① 舒尔茨（1964）认为，农户相当于资本主义市场经济中的企业单位，农民比起任何资本主义企业家来毫不逊色，因此，改造传统农业的出路在于激励农民为追求利润而创新的行为。S. 波普金（1979）认为，农场完全可以视作资本主义的公司，小农无论是在市场领域还是政治社会活动中，都更倾向于按理性投资者的原则行事。由于两人的观点十分接近，因此，可将其概括为舒尔茨－波普金命题。

1. 农户借贷资金的来源

一般情况下，农户可以从正规金融机构或非正规金融渠道获取金融资源。如果农户有借款需求，通常根据其融资成本及风险等因素确定借款渠道。除了利率等显性的财务成本外，农户借款成本还包括借贷附加条件等隐性成本，隐性成本对农户借贷行为影响最大。由于隐性的熟人借贷成本或显性高利贷利息较高，而正规贷款利率水平普遍较低，所以理性的农户最希望获得正规金融机构借款，向熟人借钱则居其次，而借取高利贷属于最次选择，这种潜意识的融资偏好比较符合融资顺序理论。这是因为，既定融资制度下正规金融机构有着明显的商业化经营取向，对弱势小农并没有采取特殊照顾政策。据中国银监会估算，[①] 全国 1.2 亿农户的贷款需求中，有近 30% 农户无法获得正规贷款是因缺乏抵押担保。中国人民银行 2009 年对 10 省市 263 县 20040 农户问卷调查发现，正规金融机构对农户贷款覆盖率仅 26.3%，40% 以上有借贷需求的农户不能获得正规信贷支持。非正规借贷却因程序简单、期限灵活、借款及时，抵押或担保范围广，使得其难度普遍低于正规借款，由此，非正规借贷成为农户解决资金不足的重要途径。农户借贷的实际来源与意愿渠道的偏离程度可用图 3 - 4 表示。

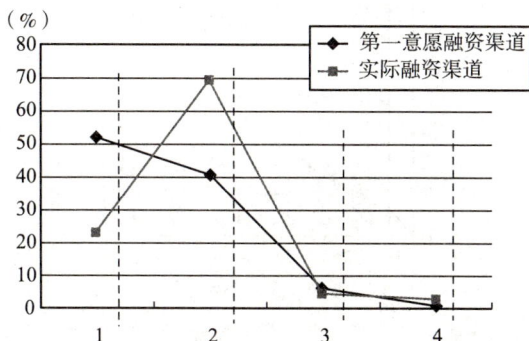

图 3 - 4　农户融资的意愿渠道与实际渠道的偏离[②]

注：图中 1、2、3、4 分别代表农村信用社、亲友、农业银行等商业性金融机构、民间放贷者。

---

① 杜晓山．当前农村金融存在四大问题 [EB/OL]．2010 年 11 月．http：//www. qstheory. cn/jj/jsshzyxnc/201011/t20101102_54998. htm.

② 熊学萍等．农户金融行为、融资需求及其融资制度需求指向研究——基于湖北省天门市的农户调查 [J]．金融研究，2007 (8)：167 - 181.

总之，农户总体借贷需求不高，即使有借贷需求，更希望向正规金融机构借贷，但实际上却难以获得正规借款，无奈只得向非正规金融借贷。

2. 农户的借款用途

农户借款用途总体上可分为投资型和消费型。农户投资型借款主要用于农业生产投资和非农生产投资。农业生产借款用作种养殖投资和农用机械设备投资等方面；非农生产借款则用于经商和建筑等部分。农户消费型借款主要与生活消费有关，如教育、建房、婚丧嫁娶、看病就医等。

农户借款用途常受到经济发展程度的影响。在经济发达地区，农户投资型借款比例较高。钱水土（2008）对浙江温州地区的调查显示，农户所获正规贷款主要用于生产性投资，其中经商办厂的占 49.6%，购买房产或商铺的占 12%，其余各项所占比例均在 10% 以下（见图 3 - 5）。农户所获非正规借款也以经商办厂为主，解决生活困难的资金主要来源于非正规金融（见图 3 - 6）。① 但在经济发展较落后地区，农户的生活性借款比例较高。刘文杰和付兆法（2012）调研表明，西安地区农户在 2005～2011

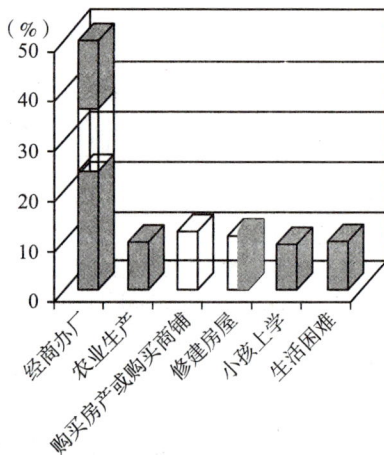

图 3 - 5　正规贷款用途

① 钱水土. 中国农村非正规金融与农户融资行为研究——基于浙江温州农村地区的调查分析 [J]. 东亚论文，2008（62）.

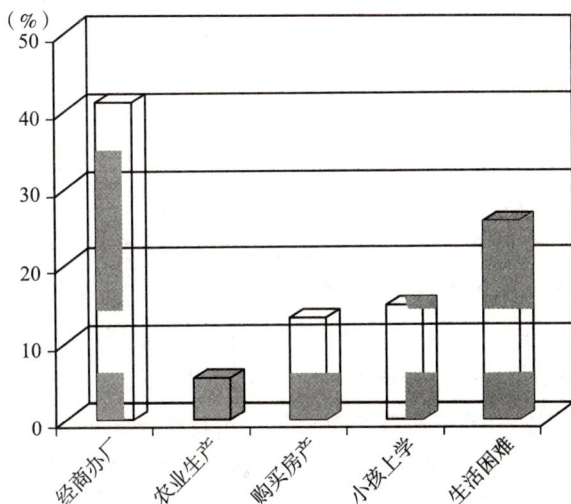

图 3 - 6　非正规借款用途

年发生的所有借贷中，生产性借贷占 41.3%；非生产借贷占 58.7%。可见，在经济发展较落后地区，大多数农民借贷的主要目的是为了满足生活需要。其中，建房借贷所占比重最大。①

3. 影响农户借贷需求的因素

我国农户借贷需求受到多种因素的影响，不仅与农村金融供给体系有关，还与农户自身有关，更有来自制度、行业、市场和社会等方面的因素。

第一，金融供给的逐利性决定了农户借贷需求不可能有很大提高。对于正规金融机构来说，传统农户规模小，面临的风险大，农业经济效益低，对土地的管理成本高，缺乏适当抵押或担保。正规贷款利率水平较低，对小额借贷业务不能形成规模效益，还要支付交易成本和管理费用，因此，正规金融机构的理性决策是减少或不进行信贷供给。而非正规金融形成于民间，具有较强亲和力，借贷方式灵活，抵押或担保范围较广，但非正规金融组织仍需要考虑盈利状况。若农户收益较少或预期抵押担保不

① 刘文杰，付兆法. 东西部地区农户资金借贷特征的对比调查 [J]. 银行家，2012 (11).

足以还款，则一般也不会获得贷款。且非正规金融利率水平及借贷的隐性成本较高，除非农户确需借款且不能从正规金融机构或亲友处取得借款，否则一般也不会有非正规借贷需求。

第二，农户自身条件不足约束了其借贷需求。农户借贷具有额度小和季节性特征，次数繁多的小额借款交易成本高、花费的时间和精力也多。与大规模土地经营相比，小规模土地分摊的平均借款成本要高很多。而且地权不确定也导致农户预期投资难以收回。因此，小农不愿借钱投资农业是理性的。同时农户人力资本下降严重。从理论上讲，农户人力资本水平越高，说明农户创造财富的能力和偿债能力越强，人力资本水平较高的农户更可能获得借款。但是随着工业化与城市化的推进，具有较高文化程度的青壮年劳动力流失严重。以江苏为例，[①] 2010 年江苏农业从业人员707.28 万人中，男性约占 36%，女性约占 64%。按年龄分，60 岁以上占57.6%，40 岁以下只占 10%；按文化程度分，小学及以下占 44.7%；无技能的较多，89% 的人没有接受过技能培训。农村人力资本水平的偏低，严重削弱了农户的借贷需求，抑制了农村专业化分工与产业结构调整。

第三，市场竞争的弱势抑制了农户借款投资的动力。农业生产面临的自然和市场风险较大，分散经营难以形成合力，加上计划经济的历史影响，导致农户处于市场竞争弱势。一方面，农户很难取得市场竞争收益。由于初级农产品价格较低，市场终端价格优势基本被中间商占有，农户不能享有农产品价格上涨带来的收益，借款投资风险随之增加。一旦市场的风向标发生变化，农户就可能遭受"谷贱伤农"的风险。另一方面，较低的市场化程度造成农户生产投资渠道狭窄。斯密定理认为，分工水平取决于市场规模。市场程度越高，交换越频繁，分工越发达，农户投资渠道越宽阔。我国农村尤其是中西部农村多数仍然是自然经济占主导地位，市场化进程缓慢，农户对生产投资缺乏动力。

第四，非农收入对农户的借贷倾向具有明显的影响。小规模农业的高风险和低效益，决定了小农经济具有明显的"半无产化"特征。当小规模农户资金出现缺口时，要么通过增加非农收入来解决，要么通过借贷来解决。当非农收入提高了农民收入时，农民手中的流动资金也相应增加，农

---

① 王汉林. 江苏农民职业技能培训对策 [J]. 江苏农村经济，2012（6）：58 - 59.

民借贷行为就很少发生甚至不发生，但因偿债能力有所提高，如果借贷反而容易获得贷款；当非农收入减少，农民流动资金紧缺时，农民的借贷倾向较强，但因偿债能力下降，终究不易获得贷款。

第五，社会关系的拥有量影响农户的借贷行为。中国农村是一个典型的"熟人社会"，农户是否有借贷行为或参与金融活动的多少，依赖于他们所在的家族与社区的社会关系。社会关系可以分担风险、降低交易成本、减少违约行为，因而拥有更多社会关系的家庭也更易获得借款。农户的借贷既依赖于其偿还能力，还依赖于其社会关系的数量和质量，比如考虑其在信用社是否有社会关系、若有社会关系是否还需要送礼等。只有当所估计的交易成本难以承受或获得贷款的可能性不大时，才会放弃正规贷款申请。

第六，农村社会保障制度不健全使得农户不敢轻易借贷。当前，农民的医疗、养老、教育、就业、住房等支出基本上是自行解决，因此，这些非生产性支出常常是农民考虑的首要方面。我国农村社会保障体系的不完善，使得农户更加注重经济"安全第一"的原则。考虑到农业投资具有较大的风险，农业收益又比较低，农户对风险承受能力极其不足，从而缺乏借款投资农业的动力和信心。

3.2.2 农户需求型金融抑制的模型分析

由于申请正规贷款的交易成本和风险成本过高，大多数农户只好放弃正规贷款，若迫切需要贷款，则可能选择非正规贷款。当这一现象或行为体现在农户信贷选择上，需求型金融抑制就形成了。多年来，金融供给制度的重构常常成为我国农村金融改革的重头戏，然而，金融需求约束问题却并未引起政策部门的关注。本书主要根据鲍彻等（2008）、康与斯托里（2003）、程郁等（2009）的研究，利用模型解释和全面分析农户的金融约束问题。

为了更好地分析我国农户借贷行为所受的抑制，本书作出以下假设：

第一，农户的财富总水平为 W，生产投入资本为 K，W^* 为非生产性金融财富，则 $W = K + W^*$。农户可以将 W^* 用于抵押，由此农户具有一定的能力去贷款。

第二，农户的正规贷款获得额为 $B = f(W)$，除支付利息费用 rB（r 为金融机构利率）外，还需支付申贷成本 F，[①] 则农户贷款总成本为 $rB + F$。

第三，农户不贷款的产出 $q = Q(K, L; \theta)$，（L 为劳动力投入，θ 为特征向量）；贷款能使生产扩大并改善技术条件，农户产出为 Q^G，$Q^G = Q(A, L; \theta)$（新增最低资本投入 A），投资成功概率为 π，若失败，农户只得产出 Q^B，且 $Q^G > q > Q^B$，此时农户的贷款成本得不到弥补，财产抵押损失 W^* 便随之产生。

由此，农户贷款条件为：贷款的预期收益须大于产出与贷款的交易成本之和，即：

$$\pi Q^G + (1 - \pi)(Q^B - W) > q + rB(W^*) + F \qquad (3-16)$$

且

$$B(W^*) \geqslant A - K \qquad (3-17)$$

令 $R = q + rB(W^*) + F$，则 R 为农户不贷款的保留收益。若贷款的相关申请成本 F 很大，则会导致交易成本过高。即使投资的经营收益能够偿付利息费用，因贷款申请成本农户过高，农户也可能放弃贷款申请，这就是交易成本引起的信贷需求抑制，国外学者通常称之为"第一类需求型信贷抑制"。

蔡（2004）发现，农村正规金融存在以政治关系、职业和性别等为基础的信贷配给。若因身份和关系而对农户进行信贷配给，但对其信用和风险不能有效甄别，则金融机构可能会产生信贷判断失误。假设金融机构能正确判断农户为优质申贷者的概率为 $\delta(0 < \delta < 1)$，则只有 δ 的申贷者能够获得贷款。令 $E = \pi Q^G + (1 - \pi)(Q^B - W^*)$，$E$ 为贷款的预期收益，则可将式（3-16）变为：

$$\delta[E - rB(W^*) - F] + (1 - \delta)(q - F) > q \qquad (3-18)$$

对式（3-18）变形可得：

$$E > q + rB(W^*) + F/\delta \qquad (3-19)$$

从式（3-19）可以看出，由于 $0 < \delta < 1$，金融机构的信贷配给实际上提高了农户的贷款申请成本，农户面临的信贷总成本变为 $q + rB(W^*) + F/\delta$。若信贷配给成本无法得到弥补，则农户就不会申请贷款，即出现"第二类

---

① 康与斯托里（2003）指出了贷款的申请成本包括三个部分：第一，贷款的资金成本，即利息成本、提供申请贷款的相关材料所必须付出的资金成本；第二，实物成本（In-kindcost），即填表格、往返银行的交通成本以及会见银行相关人员的成本等；第三，心理成本，即由贷款申请过程所带来的心理不舒适感，如受到信贷员冷落、奉承信贷员所付出的努力等。

需求型信贷抑制"。

假设农户厌恶风险，当其面临不确定收益时必然会规避风险，并要求一定的风险补偿，也就是用一定的固定性财富去弥补风险可能产生的损失。假定贷款的风险补偿为 Φ(Φ > 0)，则式（3 - 18）变为：

$$\delta[\,E - rB(W^{*}) - F\,] + (1 - \delta)(q - F) - \Phi > q \qquad (3 - 20)$$

同样经过变形后得到：

$$E > q + rB(W^{*}) + (F + \Phi)/\delta \qquad (3 - 21)$$

假设考虑风险补偿，风险厌恶型农户的申贷成本将会增加。若风险贴水得不到弥补，则农户也不会申请贷款，由此形成因农户规避信贷风险导致的需求抑制，即"第三类需求型信贷抑制"。

综上分析，需求型信贷抑制的表象是农户的信贷需求发生萎缩，本质上仍是农村信贷市场供求矛盾，是农户在信贷配给下作出的理性反应。其对经济发展的抑制程度并不亚于正规金融信贷配给，而受影响最大的是那些产出收益在贷款成本线边界附近的农户。这些农户所受的最大打击并非直接的资金约束，而是改善生产和经营的信心。由于农户具有风险规避偏好，需求型信贷抑制导致农户生产经营方式比较保守，创业和改善生产的动力不足，因而始终难以走出贫困的低水平循环陷阱。

3.3　实证分析

农村金融制度发展的目标是服务农业、农村和农民。农村金融制度发展的效果可以从农户借贷行为体现出来。为了验证农村金融制度发展所受的供求障碍，本书以农村金融制度发展的受益主体行为——农户借贷行为作为研究对象，综合考虑前述各因素，通过数理模型进行实证分析。

3.3.1　数据来源与基本事实

1. 数据来源

本书使用的数据来自全国农村固定观察点调查系统。该系统汇编了

1986～2009 年间共 25 年的调查数据。目前，样本分布在全国除港澳台以外的 31 个省（自治区、直辖市），涉及 355 个行政村，共调查农户 23000 户，通过对固定不变的村和农户的长期跟踪调查，搜集样本农户家庭生产、生活及借贷行为等基本情况信息，满足本书采用数据资料的需求。

2. 基本事实

根据 2009 年全国农村固定观察点调查系统数据，被调查的 23000 户样本农户的经济状况基本表现出以下特征：

（1）家庭农村劳动力的文化程度整体较低，初中和小学所占比例最大。其中初中及以下占到样本总数的 84.53%，而高中及以上文化程度只占 15.47%，平均受教育年限为 10.25 年，大大降低了农户的人力资本水平。

（2）家庭经营活动以农业生产活动为主。在所有样本农户中，纯务农户约占 37.24%，以农业为主兼营非农业户占 26.84%，两者占到样本总数的 64.08%。

（3）农业收入仍然是农户主要的收入来源。2009 年样本农户的家庭人均年收入为 9793.59 元，其中农业收入约占 59.01%，外出务工收入约占 28.04%，其余为其他收入来源。这表明，我国大多数农户家庭都是从比较优势较低的农业中获取收入的，而非农产业虽比较优势较高，但其收入只占农户家庭收入的很小部分。

（4）家庭生产性固定性资产价值整体偏低。在被调查农户中，2009 年末每户家庭拥有生产性固定资产原值只有 9404.6 元，说明我国农户的资产抵押物严重不足。

（5）家庭承包耕地面积具有明显的小块化特征。2009 年样本农户家庭经营耕地面积为 7.46 亩，人均只有 1.9 亩，这种小块土地经营的模式难以实现规模效益，同时也增加了单位面积土地上的借款交易成本。

根据调查数据，同样可以获知样本农户的借贷特征：

（1）资金需求小额化。受家庭规模制约，农户家庭开支一般较小，资金需求的借贷额度不大。2009 年所调查的样本农户家庭累计借入款项 2384.32 元，其中银行贷款 396.47 元，信用社贷款 487.90 元，私人借贷 1470.66 元。

（2）借贷期限短期化。比例最大的期限为 0.5～1 年和 1～3 年，分别约为 30. 86% 和 43. 69% 。这种情况主要与农户的资金用途和生产活动类型有关。由于农户生产经营规模小，收益率低，因此，其借贷偿还期也不能太长。

（3）借贷用途非生产性。大多数农户借款用途主要是生活消费，比如建房和教育等。2009 年在所借入款项 2384. 32 元中，生活性借款为 1467. 51 元，约占 61. 55% ，而生产性借款为 916. 81 元，约占 38. 45% 。

（4）非正规借贷是农户融资的主要方式。2009 年样本农户共借款 2384. 32 元，其中正规借款 884. 37 元，占借款总额 37. 09% ，非正规借款 1470. 66 元，占 61. 68% 。由于非正规借贷成本低、无须抵押或担保、灵活及时等优点，而多数农户难以满足正规金融机构设定的贷款条件，因此，非正规借贷顺理成章地成为农户贷款的主渠道。

3. 3. 2　模型设定与变量选择

1. 模型设定

在现实的经济决策中，如果面临选择问题涉及因变量是离散变量，则一般采用 Probit 和 Logit 模型。由于在计量分析中，Probit 模型和 Logit 模型的差别不大，因此，本书利用二项分布的特性，选择 Probit 模型对样本农户借贷行为的影响因素作估计。模型的基本表达式如下：

$$Y^* = \beta X_i + \mu \quad Y = \begin{cases} 1 \ \text{若} \ Y^* > 0 \\ 0 \ \text{若} \ Y^* \leqslant 0 \end{cases}$$

其中 Y 是一个 0/1 的二元离散型随机变量，表示农户是否发生借贷行为，Y = 0 表示该农户没有与正规金融机构发生借贷关系，Y = 1 表示该农户与正规金融机构发生借贷关系；Y^* 为潜在变量，表示农户借贷带来的效用；$X_i(i = 1, 2, \cdots)$ 代表影响农户借贷行为的因素，β 为待估计参数向量，μ 为独立于 X 且服从正态分布的误差项，从而影响农户借贷行为选择的二元离散选择模型可以表示为：

$$Prob(Y = 1 \mid X = x) = Prob(Y^* > 0 \mid x) = Prob\{(\mu > -\beta x) \mid x\}$$
$$= 1 - \Phi(-\beta x) = \Phi(\beta x)$$

其中 Φ(·) 为标准正态分布的累积分布函数。当某个变量的系数值为正时，Probit 模型变量的值越高，农户申请正规贷款的概率就越大。

首先，本书采用极大似然法来估计模型参数；其次，计算各解释变量的边际效应，即依据 $\dfrac{\partial p(Y=1\mid X)}{\partial X_i} = \varphi(\overline{X}\beta)$ 计算第 i 个解释变量对农户借贷行为的影响，其中，标准正态分布的概率密度函数为 $\varphi(\cdot)$，均值为 $\overline{X}$。

2. 变量选择

本书主要集中于家庭个体特征对农户借贷行为的影响，鉴于数据的可得性，本书所选择的解释变量包括：家庭生产经营类型、常住人口、文化程度、是否乡村干部家庭、耕地面积、家庭人均年收入、非农收入、非正规借款额度、拥有固定资产原值、年末手持现金等。

为避免多重共线性，本书以选取最具代表性的一个变量或者不相关的两个变量为原则。模型中变量说明与描述性统计见表 3 - 2。

根据以上分析，农户借贷行为选择模型可以表示为：

$$Y = \beta_1 X_1 + \beta_2 X_2 + \beta_3 X_3 + \beta_4 X_4 + \beta_5 X_5 + \beta_6 X_6 + \beta_7 X_7$$
$$+ \beta_8 X_8 + \beta_9 X_9 + \beta_{10} X_{10} + \mu_i$$

表 3 - 2 　　　　　　　　　　变量说明与描述性统计

变量	变量符号	说明	均值	方差
农户借贷行为	Y	借 = 1，不借 = 0		
家庭生产经营类型	X_1	农业为主 = 0，其他 = 1	0.6408	0.0075
家庭常住人口	X_2	单位：人	3.92	0.0931
文化程度	X_3	高中及以上 = 0，高中以下 = 1	10.25	0.0291
是否村干部家庭	X_4	是 = 1，否 = 0	0.11	0.2630
耕地面积	X_5	单位：亩	7.14	0.0026
家庭人均年收入	X_6	单位：元	9793.59	1.9175
非农收入	X_7	单位：元	2746.28	9.1024
非正规借款额度	X_8	单位：元	1470.66	0.0654
拥有生产性固定资产原值	X_9	单位：元	9404.60	0.0536
年末手持现金	X_{10}	单位：元	5886.17	0.0319

3.3.3　实证结果分析

本书使用统计软件 EViews5.0 对模型进行估计，相关结果汇总于表3-3 中。根据模型回归结果，除家庭常住人口和拥有的生产性固定资产原值对农户的借贷行为影响不明显外，其他影响因素的参数估计基本符合理性预期。其中，耕地面积、是否村干部家庭以及文化程度对农户借贷需求和行为具有显著的正向影响。（1）耕地面积是影响农户借贷行为的一个重要变量，农户借贷行为发生率与耕地面积呈现明显的正向关系。每增加耕地面积一个单位，农户借贷行为发生率就会增加9.72%。因为耕地面积虽然表示的是农户生产经营规模，但还可以用来衡量家庭农业收入的多少。（2）是否村干部家庭对农户借贷行为有着明显的正向影响。这是因为，在一定程度上，农户家庭成员担任过村干部与否体现了农户在当地的声望，反映着农户的社会关系和社会地位。若农户家庭成员已担任或曾担任村干部，则有利于农户获得贷款。（3）农户文化程度对其借贷行为发生率的正向影响十分显著。农户的文化程度一方面可以反映农户的认知水平、生产和经营能力。农户文化程度越高，视野就越广阔，对信用社和银行等正规金融机构就越有较深的认识，理财意识和能力就越强，家庭生产经营的范围就越广，更容易发生资金借贷行为。另一方面，农户的文化程度也会影响农户在当地的社会地位和人脉关系，从而可以多渠道地获得借款。

表 3-3　　　　　　　　　　　　　模型回归结果

解释变量	估计系数	Z 值	边际效应
常数项	0.9603 （1.003）	0.68	0
家庭经营活动类型 X_1	-1.9935 ** （0.961323）	0.2326	-0.0713
家庭常住人口 X_2	-0.0388 （0.6648）	-0.5201	-0.0102
文化程度 X_3	0.0665 * （0.8329）	0.4136	0.0441

解释变量	估计系数	Z 值	边际效应
是否村干部家庭 X_4	0.3544 * (0.1037)	2.1105	0.0683
耕地面积 X_5	0.5187 *** (0.1809)	4.6893	0.0972
家庭人均年收入 X_6	− 0.3769 * (0.1378)	− 1.2566	− 0.0661
非农收入 X_7	− 0.6392 ** (0.1568)	− 0.8319	− 0.0183
非正规借款额度 X_8	− 0.1143 * (0.0629)	0.4985	− 0.0601
拥有生产性固定资产原值 X_9	− 0.3951 (0.1037)	0.0347	− 0.0092
年末手持现金 X_{10}	− 0.0282 ** (0.0153)	0.0631	− 0.0013
对数似然值 Pseudo R^2 （准 R^2）	− 115.753 0.8834		

注：①离散型解释变量的边际效应是指当解释变量取值从 0 到 1 时被解释变量变化的概率；②估计系数上方的 *** 、** 、* 分别代表相应变量在 1% 、5% 、10% 水平上统计显著。括号内数值为参数估计值标准差。

同时，根据估计结果，家庭生产经营类型、家庭人均年收入、非农收入、非正规借款额度和年末手持现金对农户的借贷发生率的负向影响比较明显。

一是以农业为主业的农户借贷行为发生率明显较低。按农户家庭生产经营活动类型来看，纯农户不如兼业农户的借贷需求强，而兼业农户又不如非农行业农户的借贷需求强，这在农户融资的主观意愿中表现得较为突出。之所以如此，是因为土地经营规模过小，所需的资金投入量较少，大多数小农户依靠自身积累即可满足生产需要；同时，农业效益低使得农户难以承受债务负担，因此，从生存安全的角度考虑而不愿轻易借债。这也说明农村资金需求主体具有明显的行业特征。

二是非农收入和年末手持现金对农户借贷发生率具有显著的负向影响。非农收入较高或年末手持现金较多的家庭对正规贷款需求小得多。由于大多数外出务工的农户从事的生产经营活动少，而且打工收入可以用来支付家庭日常的费用，甚至积聚少量的财富，因此借款需求不大。尽管正规金融机构倾向于贷款给非农收入比重较高的农户，但农户特别是贫困农户可能更缺乏正规信贷需求。而年末手持现金较多的农户因流动资金充裕，减少了其借贷的动机，因此，农户整体的借贷行为发生率要低得多。

三是家庭人均收入水平对农户借贷行为产生一定的负面影响。一般来说，农户人均收入水平越高，剩余的自有资金越多，支付各项支出的能力就越强，农户的资金需求可以通过自有资金来解决，因而农户借贷行为就不大可能发生。实证结果发现，在其他条件不变时，家庭人均收入每提高1%，农户借贷行为发生概率便减少6.61%。

四是非正规借款额度与农户正规借贷行为发生率呈现负相关关系。农户向非正规金融组织借得越多，在正规金融贷款手续烦琐的情况下，必然是正规贷款贷得越少。收入较低的农户对借款的交易成本更敏感，如果正规贷款利率比非正规借款利率高，农户则更可能从非正规渠道借款。

3.4 本章小结

我国农村金融制度发展的障碍来自供给和需求两个方面。

第一个障碍是农村金融供给约束。从目前农村金融供给现状看，农村资金主要有两大来源：一是农民自筹资金，表现为农村储蓄的积累，主要取决于农民收入的高低；二是外部资金注入，表现为金融机构支农贷款、国家财政支农、农业保险以及开放经济条件下的外商投资。但这些资金来源受到多种条件的限制，从而对农村金融供给形成约束。作为农村资金供给者，传统农户主要通过储蓄方式提供资金。传统农户的土地经营规模小，风险大，收益低，很难有更多的剩余资金进行储蓄，储蓄愿望和储蓄率虽高，但传统农户的储蓄额度并不高。现阶段，我国金融中介在农村地区呈现出正规金融与非正规金融二元并存的普遍现象。因农业生产具有风险大、收益低、投资周期长等特性，在市场化经营目标下，正规金融未能有效发挥支农功能，而非正规金融组织也未能提供足够支农资金，所以与完成农业现代化历史性任务的要求相比，现有金融中介体系对农村的资金供给显然不足。

农村金融制度发展面临的第二个障碍是农村金融需求抑制。需求是经济学中的基本因素，传统农户的金融需求主要表现为借贷需求。然而，农户总体借贷需求不高，即使有借贷需求，更希望向正规金融机构借贷，但实际上却难以获得正规借款，无奈只得向非正规金融借贷。其原因在于，我国农户借贷需求受到多种因素的影响，不仅与农村金融供给体系有关，还与农户自身有关，更有来自制度、行业、市场和社会等方面的因素。为了验证农村金融制度发展所受的供求障碍，本书以农村金融制度发展的受益主体行为——农户借贷行为作为研究对象，综合考虑前述各因素，通过数理模型进行实证分析。模型回归结果表明，除家庭常住人口和生产性固定资产原值对农户的借贷行为影响不明显外，其他影响因素的参数估计基本符合理性预期。其中，耕地面积、是否村干部家庭以及文化程度对农户借贷需求和借贷行为的正向影响是十分显著的。同时，家庭生产经营类型、家庭人均年收入、非农收入、非正规借款额度和年末手持现金对农户的借贷发生率的负向影响比较明显。由此看来，农村金融制度发展受到金融供求两方面的影响十分显著。

第4章 农村金融市场主体分析：
新型农业经营主体的视角

长期以来，分散化经营模式造成农户的市场弱势和组织弱势。传统农户不仅受到信贷配给约束，还受到自身需求不足的抑制，因此，传统农户不可能成为真正的市场竞争主体，难以有效获得金融资源。本书认为，需要正确认识农业和农民，分析新型农业经营主体的市场竞争优势，并借鉴国内外经验，加快我国农村金融制度的创新和发展。

4.1 对农业和农民的正确认识

正确认识农业和农民，是探究农业发展缓慢和传统农户弱势的原因及出路的前提。在以往的相关研究文献中，农业是天然的弱质产业和农民是非理性的，是作为既定事实一样来接受的。本书认为，有必要对这个观点进行重新讨论，以便寻求农业并非天然的弱质产业和农民同样是理性的根据，从而进一步研究把农业和农民当作市场竞争产业和主体的问题。

4.1.1 农业并非天然的弱质产业

许多学者一直认为农业是天然的弱质产业的依据是，农业生产受到自然环境影响大，生产周期较长，因而自然风险较高；同时农业提供生活最基本必需品，需求弹性小，说明农业的市场风险较大。本书认为，仅凭这些依据来判断农业是天然弱质产业是完全不正确的，理由如下：

一方面，农业科技成果的应用使得自然风险不再是农业生产经营的主要影响因素。众所周知，作为农业生产对象，动植物和微生物只有在适当的自然条件下才能生存。虽然自然气候是不可预测的，但实际上并非只有农业才受到自然气候的影响，其他行业如海上远洋运输和国际航空运输等受到自然恶劣天气的影响可能更为严重，但随着交通运输技术的发展，可以将气候造成的损失率降到极低。时至今日，随着灌溉技术和大棚、温室等种植技术的采用，人类在农业生产中对抗自然气候对农业产生不利影响的能力有了飞速提升。此时，农业生产受到的自然气候抑或其他自然灾害的影响，最终都反映在农产品产量的波动上，所以，在一定程度上可以通过农产品产量的波动情况来考察一个较长期限内农业自然风险的变化情况。图4－1明显可看出，改革开放以来，我国农作物产量总体上呈现稳定增长的趋势，而且波动明显趋小，这说明农业抵抗自然风险的能力在不断增强。

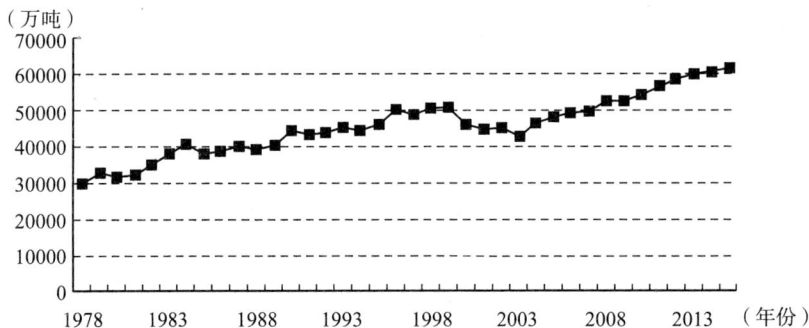

图4－1　1978～2015年我国粮食产量变化情况

资料来源：国家统计局农村社会经济调查司. 中国农村统计年鉴2015［M］. 北京：中国统计出版社，2015年10月.

另一方面，高风险并非弱质的代名词。当前高风险行业比比皆是，因为风险本身无处不在。经济学认为，风险应当与利益相对称。虽然农业生产的典型特征是生产周期长、资金周转慢、风险大，但是并不应该影响农业获得社会平均利润。而且资金周转慢并非农业生产独有的特征，其他行业同样也存在这一特征。尽管产业资本周转比商业资本周转要慢很多，产业资本获利能力却不比商业资本低。建筑行业生产周期经常会超过一年，却被认定属于高利润行业。所以，单纯以农业生产周期长、风险大等为依据来得出农业是弱质产业的结论显然是不正确的，也是不合理和片面的。

西方经济学认为，只有为市场所需要的产品，才会在市场需求推动下被生产出来。需求越大，其确定的产品价格也就越高，从而使得产品的生产者能够获得较高的要素回报，并在生产要素争夺的竞争中占据优势，这就是经济社会发展的普遍规律。我国以往获取较高比较利益的产品生产多数为工业产品和第三产业产品，其生产要素的获取也相对充裕，这就导致农产品生产处于劣势，具体表现为农业的较低比较利益，但并不表明农业就是弱质产业。当经济社会发展到一定程度，特别是在当代绿色环保和食品安全理念的引导下，优良农产品的比较利益日益凸显，农业生产的比较优势逐步明显，从而可以改变人们认为农业是弱质产业的观点。

4.1.2　农民是理性的生产者

除了认为农业是弱质产业以外，人们还认为农民是非理性的，其生产经营目标只是为了追求风险最小化，而非利润最大化。并借此说明农民对价格信号是不够敏感的，市场化不会导致农业发展和现代化，价格信号不具有配置农业领域资源的功能，主张政府对农业资源进行配置。本书认为，以我国农业生产存在的"过密"化现象说明农民非理性是缺乏说服力的，而我国农业发展的实践恰好可以证实，农民的行为不仅是理性的，而且也追求自己的利润最大化。

1. "过密"化现象并不能说明农民是非理性的

理性是指人们在多种条件的约束下，总是会做出对自己最有利的选择。若不考虑理性的约束条件，单纯区别传统小农与资本主义农场主行为方式显然缺乏可信度。我国农业生产中存在着"过密"化现象，意指在农业领域中劳动力数量过多，而引起超密度劳动投入，其根源主要在于传统小农所受的约束因素，与传统小农的行为方式没有直接关系。

黄宗智认为，传统小农在从事家庭生产时，都是以自己的劳动投入其中的，而且投入的劳动量很难清楚地衡量，家庭农业生产获得的收入形态常常是自给自足的农产品，也不太方便用现金来衡量，因此，传统农户并不可能像资本家企业主那样追求利益最大化，本书并不认同此种观点，因为并非只有市场经济环境中的人才会有理性。假如传统小农如同鲁滨逊一样生存在孤岛上，不与任何人发生分工和交换，那么传统小农就不可能用货币来清晰地衡量劳动投入与收入，也不需要与他人进行比较。但是当传统小农的经济活动发生在现实社会中，情况可能就有所不同，也许他不能清楚地衡量为自己的耕地付出了多少单位的劳动量，但他却能在其他劳动过程如为他人打工的时候，明确地计算出自己为他人付出的劳动究竟是多少，自己能得到多少劳动报酬。若面对等量劳动投入，传统小农则必然追求尽可能多的报酬，而对于同等报酬，他投入的劳动也必然尽可能的少。表面看来，即使劳动边际报酬低于其市场价格，传统小农也愿意在自己的耕地上投入较多劳动，这可能是非理性的。但在学者们所研究的华北平原和长江三角洲，劳动力市场中基本上都是一些短工，长工并不多。劳动力市场上的长工不多，说明其供求都比较少，正是因为对长工的需求不旺才造成传统小农打工机会少，因而才会在自己耕地上投入较多的劳动，从而形成所谓的"过密"化现象。假如劳动力市场出现较高的长工市场价格，且高于传统小农自耕的劳动边际报酬，则任何小农必然会选择外出做长工。这显然表明传统小农也是理性的。

2. 农业发展的实践证明农民是理性的

改革开放以来我国农业发展的实践证明，农民按照价格信号调节自己的经济行为，以追求利益最大化，这说明农民是理性的。

（1）价格变化视角下的家庭联产承包责任制改革。我国农村改革发端于家庭联产承包责任制。在改革初期，一家一户分散的农业经营模式曾极大调动农民的生产积极性，解放了农村生产力，农产品产出大幅提高，解决了我国人民的温饱问题。[①] 从一个较宽泛的价格范畴来看，家庭联产承包责任制之所以达到这么好的实施效果，是因为提高了投入产出的价格比。很多学者都给予家庭联产承包责任制以很高的评价。但是应该注意的是，人是生产力中最活跃的因素，制度是由人决策形成的。人在农业生产投入产出决策中起着决定性的作用，并将之形成一定的制度。下面本书通过家庭联产承包责任制改革前后农民劳动投入对比来考察农民的理性行

---

① 陆彩兰，胡建生. 基于可持续发展的农村资源配置问题与对策［J］. 西北农林科技大学学报（社会科学版），2012（11）.

为。假定我国农业生产可能性边界不变，短时期内农村总投资量、生产技术水平、劳动力数目和质量变化不大，而劳动投入量是可变的，则生产函数可假设为单一投入的函数，即 $Y = P * f(L)$。在家庭联产承包责任制前，农民收入函数如图 4 - 2 所示。

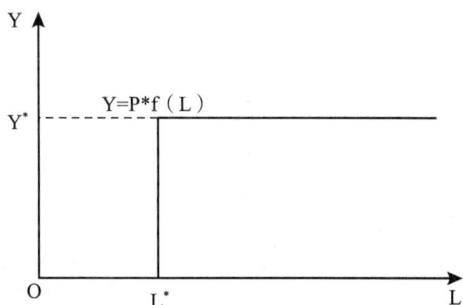

图 4 - 2　计划经济时期农民收入函数

在计划经济时期，当农民增加劳动投入 L 时，其生产成果要与全国人民分享，而本人所得收入 Y 剩余无几，在图中为处于极低 Y^* 处的水平线。由于农民增加劳动投入不能增加属于自己的产出，生产成果不能为个人全部所有，所以生产积极性不高。但农民必须至少投入劳动量 L^* 才能维持生产进行，结果造成计划经济时期农业部门的劳动要素投入和产出都维持在较低水平上。学者们大多认为收入水平线是由生产函数 $f(L)$ 所决定的，不过我们也完全可以认为这条水平线是由极低的价格 P 所导致的。尽管计划经济时期不存在真正的市场价格，但是价格终究要表现为商品之间相互交换的比例，若单独讨论某一商品价格显然没有任何意义。不管农民生产的是农产品抑或是其他产品，其付出的劳动能交换到的社会产品只是极少量的，而投入的劳动量必然处于较低的水平 L^*。实行家庭联产承包责任制以后，虽然生产函数不变，但因为交换比例——价格发生了变化，农民愿意投入更多的劳动，农产品生产更多，社会产品得到极大丰富，所以农民劳动投入能够交换到的社会产品大大增加。若农民只是非理性地追求自身利益，则家庭联产承包责任制改革的效果就不会如此显著。

（2）农产品种植结构变化的证明。耕地对于我国农民来说是重要的生产资料和生存依靠，可以种粮食和其他经济作物。若粮食或其他经济作物的价格发生变动，农民就会相应调整自己的种植结构（粮食作物与经济作物的比例），说明农民对市场价格非常敏感。图 4 - 3 表明，1991 ~ 2010 年间，我国粮食种植面积占农产品种植面积的比重与粮食价格指数呈现明显一致的变化与波动。

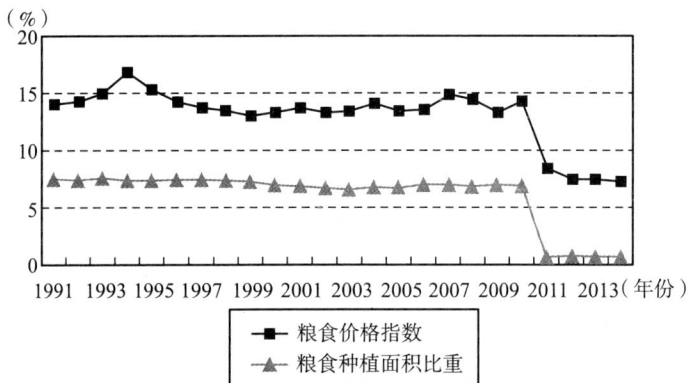

图 4 - 3　1991 ~ 2014 年间我国粮食种植面积比重的变化

资料来源：（1）国家统计局农村社会经济调查司. 中国农村统计年鉴（2015）［M］. 北京：中国统计出版社，2015 年 10 月。（2）国家统计局. 中国统计年鉴（2015）［M］. 北京：中国统计出版社，2015 年 10 月。

通过前述分析可知，农业不是天然的弱质产业，农民会根据价格信号理性地调整生产活动。本书据此推论：农业享有与其他行业同等的市场地位，也可以培育出有竞争实力的市场主体。

4.2　新型农业经营主体的形成及其主要形式

金融是现代经济的核心。只有当农业现代化主体成为农村金融市场主体，农村金融才能为实现农业现代化提供强大的资金支持。然而，"小、散、全"的传统农户在农产品生产经营方面同质性较强，相互之间分工协作非常少，导致农产品成本高、农业经营效益低和农业竞争力弱的问题。因此，传统农户不可能成为真正的市场竞争主体，与发展现代农业的要求相距甚远。而新型农业经营主体则顺应了现代农业的发展趋势，对农业经营方式进行选择，能极大提高农业产业组织的竞争力，代表着我国农业经营体制和机制的创新，在现代农业种植、养殖、农产品流通、加工等方面将发挥越来越重要作用，并在经营活动中显示出较强的农村金融资源聚集能力，成为农村金融市场的中坚力量，能够胜任农业现代化的重任。

4.2.1　新型农业经营主体的形成背景与特征

现阶段的经济社会状况为新型农业经营主体的形成提供了背景：一是农业生产经营存在着"谁来种地、地怎么种"的突出问题。根据第二次全国农业普查，① 我国种植农作物的户均土地经营规模不足 10 亩，90% 左右农户饲养肉牛数量 2 头以下、养猪数量 10 头以下；全国农业从业人员中，51 岁以上占 32.5%，女性占 53.2%，小学及以下占 50.6%。农业生产存在女性化、低素质化和兼业化现象，农业后继乏人问题日益凸显。面对今后究竟"谁来种地"的问题，构建新型农业经营体系，扩大农业规模经营和实现多样化的社会服务，可以有效促进农业健康可持续发展。二是发展现代农业需要适合的经营方式。现代农业是市场农业，要求能够适应市场的瞬息万变。新型农业经营主体能够发挥其在推广生产技术、传递和搜集市场信息、提供社会化服务、引导农民按照市场需求来组织生产等方面的重要作用，提高农业经营的组织化和社会化程度，是实现"小农户"与"大市场"对接的桥梁和纽带，有利于加快现代农业发展，更好更快地实现我国的现代化。三是现阶段发展新型农业经营主体的条件已经成熟。到 2013 年底，我国流转土地约 2.7 亿亩，占家庭承包耕地 21.5%，畜牧业规模扩大，生猪、肉鸡、蛋鸡养殖均超过 50%；农业机械化快速发展，其中农机总动力已超 10 亿千瓦，耕种收水平达 57%，小麦和水稻等水平均超过 90%。②

基于上述背景，中央提出加快构建新型农业经营主体的决策。新型农业经营主体是适应农业生产力和市场经济发展要求，以家庭承包经营为基础，具有较高专业化、集约化、组织化和社会化特征的现代农业经营组

---

① 国务院第二次全国农业普查领导小组办公室，中华人民共和国国家统计局. 中国第二次全国农业普查资料汇编（农民卷）［M］. 北京：中国统计出版社，2009.

② 宋洪远. 培育新型农业经营主体发展适度规模经营［N］. 21 世纪经济报道，2014 年 5 月 12 日第 23 版.

织。以专业大户、家庭农场、农民合作社等为骨干，其他组织形式为补充，能克服传统农户在交易成本、规模效益、要素利用效率、抗风险能力等方面缺陷，具有信息技术、要素投入和市场开拓方面优势。其基本特征有：

第一，经营导向高度市场化。随着工业化和城镇化的飞速发展，新型农业经营主体需要按照市场需求来组织安排农业生产活动，绝大多数生产资料和农产品都要通过市场完成交换或交易，从而实现其自身与市场的有效对接，商品化率和经济效益明显比传统农户高得多。

第二，经营手段专业化。传统农户生产具有分散性的特点，倾向于兼业化活动，专业化生产水平不高。与传统农户相比，新型农业经营主体专门从事某一领域或环节的农业生产或经营。

第三，经营基础规模化。诚如黄云鹏（2003）所言，规模极小的农户家庭经营不可能给农民带来较高收益。显然，我国农户家庭经营远没有实现规模经济。随着大量农业剩余劳动力转移，土地资源被释放出来，缓解了耕地紧张的矛盾，为新型农业经营主体扩大经营规模创造了条件，使之规模明显高于传统农户的经营规模，能够取得较好的规模效益。由于家庭经营在解决偷懒、卸责方面为农业生产者提供了足够激励，因此，培育新型农业经营主体不仅不需要放弃家庭经营的优势，还可以适当地扩大农户家庭经营的规模。

第四，经营方式集约化。传统农户在生产要素方面通常是资金和技术不足，主要靠劳动投入的增加来提高产出。与传统农户相比较，新型农业经营主体具有较好的物质装备条件和较高的生产技术水平，具有现代经营管理意识，能够有效集聚投入资金、技术和人才等各类生产要素，大幅度地提高劳动生产率、资源利用率和土地产出率，从而促进农业发展水平的提升。

4.2.2 新型农业经营主体的主要模式

1. 家庭农场

家庭农场是指从事农业的集约化、规模化、商品化生产经营，劳动力以家庭成员为主（常年雇工量不超过家庭农业人口数），收入来源以家庭农场收入为主（80% 以上）的新型农业经营组织形式。其经营范围以农作物种养殖为主，可以兼营农场休闲观光服务。从各地实践来看，家庭农场一般为独立的农业法人，土地承包关系稳定，土地经营规模较大，商品化、集约化和经营管理水平较高。以江苏丹阳为例，① 设立家庭农场一般应具备的条件有：一是有一定的农业生产经营规模。粮油类作物种植面积 100 ~ 300 亩；园艺作物 50 ~ 100 亩（大棚设施栽培 10 ~ 20 亩）；蚕桑作物 8 ~ 16 张；林苗面积 200 ~ 400 亩或用材成片造林 300 ~ 500 亩；蛋禽存栏 10000 ~ 20000 羽；肉禽出栏 50000 ~ 100000 羽；生猪出栏 2000 ~ 4000 头；奶牛存栏 300 ~ 600 头；水产常规养殖面积 300 ~ 600 亩或特种养殖 100 ~ 200 亩；种养结合方面的主要产业规模达到上述标准下限 70% 以上。二是家庭农场不仅应具有一定的生产经营资金、专业技术人员和生产经营设施，还应该有健全的财务管理制度。三是农户利益联结机制较紧密。农户所承包的土地流转期限一般在 5 年以上，不改变农业用途；土地流转收益原则上不低于每年每亩 500 斤稻谷的当年国家保护价，且及时结算兑付到户。四是有家庭生产经营的风险保障机制。家庭农场从事种（养）业生产经营项目（已有保险条款），应积极参加政策性农业保险，以增强农业抵御自然灾害风险的能力。五是有特定的地理区域限制。根据产业布局总体规划，在相关工业园区内暂不认定家庭农场。在禁养范围内不认定畜牧养殖类家庭农场，非禁养区内畜牧养殖类家庭农场必须符合环保要求（通过环评），并持有动物防疫条件合格证。六是有良好的生态效益。实现清洁生产，废弃物集中处理。在农业生产活动中要维护生态平衡，要求做到既获得较大经济效益，又获得良好的生态效益。

凡是符合上述条件的，可根据自身发展状况，决定是否申请市场主体资格登记。若申请登记个体工商户、个人独资企业、合伙企业或有限责任公司的，应当在名称中标注"家庭农场"字样。其中，若选择"个体工商户"且从事种养殖和饲养等，则免税；若登记"企业"，则只免除企业所得税。② 截至 2014 年 6 月 30 日，江苏省已有家庭农场 11685 户，资金额达 101 亿元。在这万余户中，个体工商户 9657 户，占比高达 82.6%；

---

① 家庭农场、专业大户有了认定标准 [RB/OL]. 2013 年 9 月 9 日. http：//www. dydaily. com. cn/news/2013/09/09/184032. shtml.

② 中国工商报. 江苏规范家庭农场登记 [EB/OL]. 2013 年 5 月 9 日. http：//www. cicn. com. cn/content/2013 – 05/09/content_126427. htm.

个人独资企业、有限责任公司、合伙企业分别有 1889 户、125 户和 14 户。[①] 据调查，江苏省家庭农场平均规模在 110 亩左右，其中从事种植业的以 100 ~ 300 亩为主。家庭农场比普通大户的盈利能力要高得很多，而且大部分家庭农场的收入水平基本与城镇居民相当。[②]

家庭农场模式是在新时期对农村家庭联产承包经营制的完善与创新。一方面，家庭农场的组织结构仍然以农户为基本经营单位。农民家庭以血缘关系为基础，稳定性和凝聚力都较强，家庭成员感情深厚，利益较为一致，有助于集中意见和统一行动。其家庭产权结构比较简单，很少存在产权激励不足问题，农场生产经营的好坏直接决定了家庭收入的多少。农民家庭通常拥有不同年龄、不同性别、不同智力和体力的成员，这种多层次、多样性的劳动力要素符合农业生产的要求，优化了农业劳动力资源配置。另一方面，家庭农场以市场化为导向，其层次显然高于家庭联产承包制。而只有以利润最大化为目标，不断采用先进的农业科技成果，占有适度规模的农地和现代化技术装备，改善经营管理，以形成最佳的经济规模，家庭农场才能在激烈的市场竞争中求得生存和发展。同时，由于拥有自主经营决策权，家庭农场可根据市场形势适时改变其经营策略。这些都是传统农户所不能相比的。家庭农场是农业生产关系与农业生产力发展相适应与协调的必然产物，因此，它是对现有家庭经营制度的完善与创新。

"家庭农场"模式在土地流转和集中的具体做法是，严格遵循自愿和平等互惠原则，也就是说，"家庭农场主"所承包的土地是由村集体或其他农民自愿转包的，双方签订合同，承包方支付合理的承包费，并约定承包期限。当然，土地所有权仍归村集体，土地出包方可在合同到期后收回土地。因此，这种模式不会伤害村集体和其他农民利益，也不伤害农业公平，自然不会伤害农业的根基。

2. 专业大户

专业大户又称为专业种植与养殖户，是指专门从事某一农产品生产、具有一定生产规模和专业种养水平的农户。与家庭农场相比较，专业大户

---

① 江苏家庭农场超万户 ［EB/OL］. 2014 年 7 月 28 日 . http：//jsnews. jschina. com. cn/sys-tem/2014/07/28/021483535. shtml.

② 肖姗. 江苏财政新增 1000 万资金，扶持家庭农场发展 ［EB/OL］. 2014 年 7 月 25 日 . http：//www. js. xinhuanet. com/2014 － 07/25/c_1111802424. htm.

主要是以某一种农产品为核心，从事专业化生产，其种养规模明显大于传统农户。因专业大户没有明确概念且缺乏严格的界定，因此有时也称为种养大户。原则上说，专业（种养）大户需要具备三个条件：一是家庭经营，以户为单位；二是专业化种养，产值占家庭经营总量比重应超过70%；三是规模较大，户均经济容量要超过当地平均水平1倍以上，年经营专业产品要消纳2个劳动力以上。[①]

从本质上讲，专业大户的形成是生产要素和资源向优势产业及经营能手聚集的结果，一般是农村种养殖能手、专业户通过土地流转和资源、生产要素集聚而产生，还有一部分专业大户利用农业开发和对外开放的机会，由城镇职工、工商企业对农业投资而形成。早在20世纪80年代末，我国江苏南部地区的部分种田或养殖能手就开始通过承包或转包较大面积土地实行规模经营，成为最早的一批专业大户。据农业部统计，[②] 截至2012年末，我国经营规模在100亩以上的专业大户共有270多万户，涉及粮食和经济作物种植、畜牧养殖、农机服务、经纪服务等全产业链。

在工业化和农村城镇化过程中，农户家庭经营的非专业化和兼业化是造成农业效益不高的重要原因。由于农业生产的非专业化，多数农户从事兼业活动，导致农业被边缘化。因此，培育专业大户是减少兼业户、促进农业稳定发展和农民持续增收的良好策略。同时应逐步实现生产组织化和产品特色化，并推进区域化布局，创造专业大户形成的条件。一是培育产品特色。资源优势是最有竞争力的一种天然优势。发展专业大户，要找准产品特色，生产出最充分地体现当地资源优势的农产品。二是布局区域化。"特色+规模"才能形成块状或带状的农业区域经济。发展专业大户，有助于将"一户一品"上升到"一村一品"、"一镇一品"甚至"一县一品"，做到种养加一体化、产供销一条龙、贸工农三结合，形成完整的产业链。三是生产组织化。发展专业大户最终要在市场对接环节上实行联合与合作。除了应考虑能否生产出和卖得出产品外，还应考虑农民的盈利水平和生产意愿。只有生产和销售的产品给农民带来实惠，并且使其利润达

---

① 纪永茂，陈永贵. 专业大户应该成为建设现代农业的主力军 [J]. 中国农村经济，2007年专刊：73 - 77.

② 农行针对农村新型经营主体出台专项信贷办法 [EB/OL]. 2013 年 7 月 23 日. http://news. xinhuanet. com/fortune/2013 - 07/23/c_116656839. htm.

到或超出当地社会平均利润水平，农民才有生产的积极性。[①]

与"家庭农场"模式相似，在"专业大户"模式中，农地承包经营权流转不改变土地所有权性质和农业用途，而土地流转后，会形成土地所有权归村集体、承包权归农户、经营权归经营主体"三权并行分置"为特征的新型农地制度。

3. 农民合作社

农民合作社是指从事同类农产品生产或农业生产经营服务的农民，自愿联合进行规模经营和民主管理的互助性经济组织。吸收农民入社是其主要特点。至 2013 年，全国农民合作社已超过 98 余万家，合作社如何起步经营，越来越成为实践探索问题。[②] 2013 年"中央一号"文件指出，农民合作社是发展农村集体经济，带动农户进入市场的新型基本主体，是创新农村社会管理的有效载体。这一定位准确地说明，农民合作社在新型农业经营主体中起到核心或引领作用。

作为新型农业经营主体之一，农民合作社对农业现代化的作用可以从其遵循的原则看出：第一，农民是成员主体。农民至少要占 80%。若成员总数不超过 20 人，则可以有 1 个成员来自企事业单位或社会团体；如超过 20 人，则来自企事业单位或社会团体的成员不超过 5%。第二，服务全体成员。只要成员加入合作社，就可获得相应服务，如生产资料购买，农产品销售、加工、运输、储藏及相关的信息和技术等服务。此外，有些合作社还组建农机作业队、产品加工厂（如稻米加工厂、面粉加工厂等）、饲料加工厂经营实体。第三，入社自愿和退社自由。充分尊重和反映农民群众的经营自主权。第四，主张成员地位平等。成员享有选举权和被选举权，并享有一人一票的基本表决权。同时以法律形式对少数出资额或者交易量较大的成员设立有限制的附加表决权，避免操控合作社的行为。第五，按交易比例返还盈余。这是为了鼓励成员通过专业合作社销售农产品，以获取更高的共同利益。

面对农业市场化、专业化、产业化的趋势，农户之间出现明显的同业

---

① 纪永茂，陈永贵. 专业大户应该成为建设现代农业的主力军 [J]. 中国农村经济，2007年专刊：73 – 77.

② 张伟宾. 全国农民合作社达98.24 万家，各级示范社超过 10 万家 [EB/OL]. 2014 年 2 月 18 日. http：//www. chinacoop. gov. cn/HTML/2014/02/18/91542. html#.

性，相同的生产资料和专业技术，一致的产品市场走向，相同的境遇，从而促使同业的农户之间产生合作的愿望。农民合作社通过将分散的农户力量形成合力，能有效地降低农户的产销成本，并产生服务的规模效益。在组建方式上，农民合作社并不触动农户的经营自主权，不搞土地、农具、财产入社；在服务内容上，开展如提供种子，批量购置化肥、农药，或批量销售产品等特定专项服务；合作社成员享有产品定价自主权和合作盈余分配权；农民合作社与政府、企事业单位及社会团体都是平等的市场主体，相互之间不存在上下级隶属和依赖关系，因而能极大提高农业生产经营效率和效益水平。

由此，可以对前述不同模式进行简单的比较。一般来说，专业大户要体现专业性，且承包的土地至少要达几十亩；家庭农场的劳动力以家庭成员为主，租地期限较长，农业机械化水平较高，因此，总体经营规模较大、实力较强，可看成是专业大户的"升级版"，有助于农业现代化进程的加快。而农民合作社的主要特点则是吸收农民入社，以农民合力的形式从事规模经营。这意味着新型农业经营主体是我国现代农业发展的必由之路。

4.3　新型农业经营主体的市场优势和融资优势

通过前述分析可知，专业大户、家庭农场和农民合作社等新型农业经营主体符合我国当前改造传统农业、提升农业现代性的基本要求，显然是我国现阶段农业发展的中坚力量。新型农业经营主体的主要优势体现在：

第一，能明显提升农民的自我服务、自我组织和自我发展能力。相对于传统农户，新型农业经营主体的生产技术水平较高，物质装备条件较好，能够实现对资源要素的集约利用，土地产出率、劳动生产率和资源利用率都比较高。并且能够改善农户的投资能力，具有较高的经济收益和较强的抗风险能力，在一定程度上保证单个农户的家庭利益安全。能够降低农业技术推广成本和学习成本，改善农户获取专业技能的效率，有助于促进农业生产的专业化，规模经济效益较高。因为"我们所具有的科学知识，我们所拥有的进行耕作的技术手段，如机器等，只有在大规模耕种土地时才能有效地加以利用"①。不仅如此，新型农业经营主体还能促使农民更新知识和观念，获取新的技术资源，增强农业经营的胜任感和个人效用感，提高其进行迂回化生产的能力，因此其经济效益明显高于传统农户。

第二，市场化程度高，竞争能力和谈判能力较强。首先是改变了农民在市场中的不利状态。新型农业经营主体能够表达农民的利益诉求，通过制度化渠道与社会强势集团平等"议价"，在合作与妥协中平衡各方利益，不仅使借贷双方潜在的融资交易成本和管理费用大为降低，而且解决了正规金融机构对农户贷款不能形成规模效益的问题，提振了正规金融机构对农户贷款的信心。其次是克服了小规模家庭生产与多变的大市场之间不能有效衔接的矛盾。新型农业经营主体能主动按照市场需求安排农业生产活动，扩大农产品市场范围，使农民能以较低成本、较高效率进入市场。最后是造就对等的谈判主体。新型农业经营主体依靠强大的力量和规模优势，增强农户的谈判地位，提高其讨价还价能力和竞争能力，为加强行业管理、协调购销行为、规定最低限价等创造条件。既可以较高的质量和稳定的产量赢得客户，防止同行业恶性竞争，节约市场费用，又有利于建立稳定的产销关系，为提高其融资水平和能力打好基础。

第三，信息交流范围扩大，交易成本较低。相对于分散的小农户而言，新型农业经营主体从事专业化规模经营，具有现代经营管理意识。随着市场参与程度的加深，其信息交流范围和途径不断扩大，对经营信誉的关注程度也不断提高，有助于降低其搜寻、谈判、履约、监督契约实施等环节的费用。同时，农产品生产经营的市场化，提高了新型农业经营主体购销行为的可预测性和有序性，使其能以批量优惠价格购入生产资料，降低农产品单位成本和销售费用。在交易活动中，新型农业经营主体更加注重自身的信用，因为一旦违约，就可能招致经济、法律和声誉等惩罚，导致其违约成本增加，这要求农业经营主体能够更加自律，保证长期博弈过程中的交易成功率。

因此，与传统农户相比，新型农业经营主体在贷款额度、期限、方式等方面都具有明显的融资优势。首先是较高的贷款额度。其中，信用贷款

---

① 《马克思恩格斯选集》第2卷，北京：人民出版社，1972：452.

额占农业项目投资总额最高 30%，担保贷款额占净资产最高 70%。若对注册资本、资产、技术（专利）、农机具、房屋、订单等及种养殖规模（产量）等进行综合信用评级，农户信用贷款额度最高也由 5 万元增至 50 万元，而家庭农场的授信额度最高可达 1000 万元。[①] 其次是较长的贷款期限。若家庭农场生产周期较长，则可按生产周期确定；其固定资产贷款期限 3 年；开发性项目贷款期限 5 年；而林业贷款期限则达 8 年。再次是较多的贷款方式。针对有效抵押物不足的问题，新型农业经营主体可选择的贷款方式包括信用贷款、抵质押贷款、保证贷款等，各省联社对其拓宽了抵押担保范围，如土地承包经营权、林权、房屋产权和固定资产等均可作为抵押，其中固定资产抵押率 60% ~ 70%，其余 50% 以下。最后是较广泛的贷款用途。如家庭农场均可以就流动资金周转、固定资产建设以及项目开发等申请贷款。其中，固定资产建设贷款不仅可以用来购买农业机具、小型加工设备、排灌设备、运输工具，还可以用于加工厂房、仓库、晒场、畜禽圈棚等的建设；而项目开发需求贷款则可用于发展农、林、牧、渔业，以开发荒山、荒地、草原、水面、滩涂等自然资源。[②]

下面本书将在市场交易费用方面通过与传统农户进行比较，以更好地描述新型农业经营主体的市场竞争优势。图 4 - 4 和图 4 - 5 分别是传统农户和新型农业经营主体进入市场的情况。由于农民家庭既是生产者又是消费者，因此，在两张图中，农产品供给曲线均为 SS，即生产者边际成本曲线 MC_1；传统农户边际收益曲线为 MR_1；消费者（或购买者，下同）需求曲线为 DD，即传统农户的边际收益曲线 MR_2；MC_2 为消费者边际成本。若为完全竞争市场，则 SS 与 DD 的交点为市场均衡点 E_0，均衡价格为 P_0，传统农户的生产者剩余 $PS_0 = \Delta P_0 E_0 A$ 的面积，消费者剩余 $CS_0 = \Delta P_0 E_0 B$ 的面积。但现实的交易市场却不是完全竞争的，传统农户常处于不利的谈判地位，只能被动地接受价格，此时市场均衡点为 MC_1（SS）与 MR_1 的交点 E_1，而价格则为 P_1。在此情况下，传统农户的生产者剩余 $PS_1 = \Delta P_1 FA$ 的面积，消费者剩余 $CS_1 = \Delta P_1 CB$ 的面积。[③]

---

① 柳德新. 新型农业经营主体喜迎信贷"甘露"［N］. 湖南日报，2013 年 9 月 4 日第 3 版.
② 中国畜牧兽医报. 湖南农信贷款向新型养殖业倾斜［N］. 2013 年 9 月 15 日.
③ 张晓辉. 农村新型农民专业合作经济组织发展研究［J］. 学术交流，2007（9）.

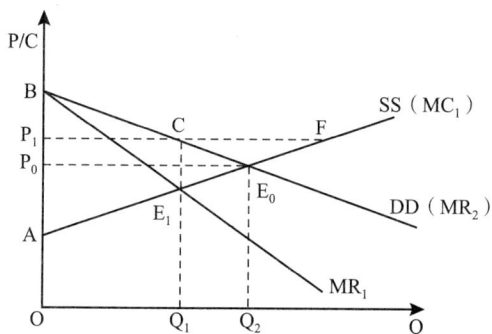

图 4 - 4　市场条件下传统农户的生产者剩余与消费者剩余

由图 4 - 4 可知,当单一的传统农户进入市场时,因缺乏平等的谈判地位,其消费者剩余减少了 $P_0E_0CP_1$ 面积,正好抵消了传统农户的市场交易费用。如果是新型农业经营主体进入市场,情况就与传统农户不一样了。如图 4 - 5 所示,由于新型农业经营主体的谈判实力较强,其实力与消费者实力基本相当,此时均衡点为 SS 与 DD 的交点 E_0,均衡价格为 P_0,生产者剩余和消费者剩余分别为 PS_0 与 CS_0,与完全竞争市场下的两类剩余相等;新型农业经营主体凭借较强的谈判实力,迫使消费者接受自己的条件,从而达到利润最大化,此时 $MR_2 = MC_2$,市场均衡点为 E_2,生产者剩余 $PS_2 = \triangle P_2GB$ 的面积,消费者剩余 $CS_2 = \triangle P_2CA$ 的面积。矩形面积 $P_0E_0CP_2$ 本应是消费者占有的部分生产者剩余,但因新型农业经营主体具有规模优势,消费者剩余增加为梯形面积 $P_0E_0GP_2$。若新型农业经营主体实力不足,其谈判优势就会消失,从而与传统农户进入市场情形没有区别。事实并非如此,由于新型农业经营主体的总体实力比传统农户的大,其消费者剩余的损失小于传统农户的损失。因此,新型农业经营主体进入市场的交易费用降低,收益率增加。

总体上来看,新型农业经营主体比传统农户具有相对优势,但并不意味着其能完全取代传统农户。尽管传统农户存在先天不足,抵御风险的能力较弱,且随着工业化、城镇化的不断发展,农业兼业化现象仍然存在,这导致传统农户的弱势和不足更为明显。但面对人多地少、社会保障制度不健全的农村社会,对于大部分中老年农民来说,农业不仅是一种生产方式,还起着保障其基本生活的作用。所以,在短时期内,传统农户不会很

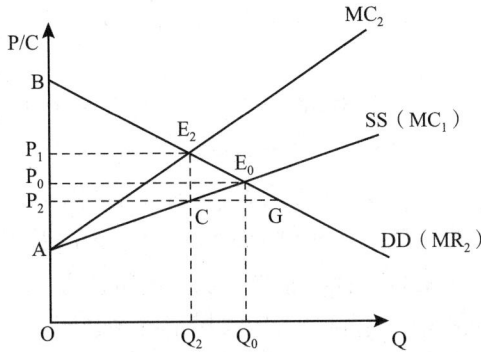

图 4 - 5　市场条件下新型农业经营主体的生产者剩余与消费者剩余

快消失，因此，政府在鼓励新型农业经营主体发展的同时，基于目前农村经济的实际情况，以及稳定农村社会和整个国家的需要，也会对传统农户进行一些政策性扶持。

4.4　新型农业经营主体发展的国内外案例及借鉴

新型农业经营主体在国外有着悠久的历史，在国内也具备了一定的实践基础，但由于我国新型农业经营主体起步较晚，发展时间较短，在规模和效率上都与发达国家存在较大的差距。本书通过考察国内外几个相关典型案例，分析新型农业经营主体经营的经验和教训，以便为我国现代农业发展提供借鉴。

4.4.1　国外新型农业经营主体发展的案例描述

1. 国外农民合作社

美国、法国、澳大利亚和日本是农业合作经济组织发展较为发达的地区。其中，美国、法国和澳大利亚以农民合作社作为农业合作经济组织的主体，而日本农业协会极具特色。作为农业劳动者的集体组织，农民合作社以互助互利、社员获益为宗旨，实行民主化管理，为社员提供服务，利润共享，风险共担。日本农协不以盈利为目的，所获收入归全体会员所有。①

（1）典型国家的农民合作社类型。在美国，家庭农场虽然是其农业的主要经营方式，但农民合作社对推动农业一体化和现代化进程起着极为重要的作用。美国农民合作社主要分为三类：一是供销合作社。围绕其业务，又细分为负责农用物资购买供应、农产品营销以及为供销提供服务的三种合作社。二是信贷合作社。相当于农业信贷协会，在"农业合作信贷体系"中属于骨干机构，主要是帮助农场主解决融资和贷款等问题。三是服务合作社。其涉及范围很广，主要包括医疗保健、保险、住房合作、水利灌溉、畜种改良等供销和信贷以外的合作社。

农民合作社在法国非常普遍，是法国农业成功的重要因素，90% 的农场主都是农民合作社成员。根据是否从事信贷活动，法国农民合作社可以分为农业信贷合作社和非信贷农民合作社。前者主要涉及家庭信贷（如互助银行）、农场经营主信贷（如合作银行），以及兼顾家庭和农场经营主的信贷（如农业银行和人民银行）。而后者是专门为农业生产环节服务的。从活动类型看，农民合作社主要是进行农业生产物资供应、农产品收购、加工和销售等。此外，还有两种特殊性质的农民合作社，一个是共同使用农业机械合作社，另一个是人工授精合作社。

澳大利亚的农民合作社起源于 19 世纪中叶，主要有市场合作社、供应者合作社、加工合作社和服务合作社。此外，还有网络合作社，这是以合作社和相关组织为成员成立的合作社。其目的是通过合作社之间的合作以共享资源，形成规模经济，从而降低成本，减少风险，提高效益。

日本农业属于典型的小农模式。战后日本政府精心培育出农村合作经济组织——农业协会（简称"农协"），极大促进了日本农业的快速发展。日本农协一般以市、町、村等行政区域为单位组织，分为综合农协和专门农协。综合农协以本地区农户为服务对象，主要从事农业生产资料供应、技术指导、农业信息、农产品采后处理、信贷、保险以及生活、医疗卫生等服务。现有 2472 个综合农协和 3513 个专业农协。平均每个综合农协有会员 3000 多人。

---

① 双流县《农村三大市场经营主体培育研究》联合课题组：胡燕，李彦．国内外农村市场经营主体培育文献综述［J］．中共成都市委党校学报，2010（8）．

（2）国外农民合作社的经验。①制定或修改相关法律法规，保障农民合作社的权益。农民合作社高效和规范的运作离不开完善的农民合作社立法。美国法律从合作社的法律性质、权利义务及运作方式等方面进行规定，为农民合作社蓬勃发展奠定基础。在法国，政府在制定法规时，不仅考虑到合作社对保护农业经营者利益和推动农业发展所起的独特作用，而且也考虑到合作社企业与私营企业之间竞争加剧的现实。澳大利亚农民合作社组织虽然起源较早，但仅在联邦税法部分对合作社定义和行为做出界定，至今仍缺乏一部统一的法律来规范合作社行为。不过，澳大利亚各州政府均对本州合作社制定了相应法律。日本《组合法》明确规定，农协是不以盈利为目的的服务机构；农协不同于经济团体和政治团体；承认农协在自主经营和民主管理方面的权利，确保农民的经济地位。显然，法律保护是农协之所以能够形成并不断发展的基本条件。

②采用各种经济调节方式，增强农民合作社的竞争力。对于农民合作社，政府大都采用财政和货币政策积极支持其发展。首先，进行减免税。如美国仅对农村合作社纯收入进行征税；日本则征收较低法人税。其次，提供财政资助。如法国政府对农业合作社管理费用给予补贴；日本政府对"农协中央会"事业费进行补贴。最后，通过教育培训和技术推广以提高人力资本水平和合作社的竞争力。如法国政府为农业合作社提供上千名技术人员进行技术推广和指导。

③通过拓展经营方式和范围，提高农民合作社的盈利能力。一是建设信息化体系。发达国家政府通过为合作社提供信息交流设备和平台，以便为本国农产品进行有效竞争，争取谈判地位，帮助合作社利用信息化体系快速准确的决策。二是鼓励合作社之间的再合作，以便在竞争中占据有利地位。三是突破地域限制。如美国允许农民合作社跨区域吸收新成员，鼓励农民合作社之间的良性竞争。四是鼓励跨业经营，延长产业链。如法国政府鼓励农业合作社组建跨行业机构。

2. 国外家庭农场

（1）美国、加拿大的家庭农场发展情况。美国家庭农场制度早在建国之初就确定了。目前，美国农业虽已跨入成熟的现代化经济，但家庭农场仍是其主体和基本支撑力量。2012 年全美收入超过 100 万美元的农场中，

89% 为家庭农场，其中小型农场所占比例较高。① 美国家庭农场以生产经营专业化为特点，主要依靠农场主及其家庭成员，在产权制度上可看成个体农场，但绝不能简单地把家庭农场等同于小农场。

加拿大农业是"国家经济的主要动力"，家庭农场则是农业发展的主体，专业化特点显著。加拿大家庭农场依靠市场推动、政府干预与农民行动，分工专业、生产高效，目前分为饲畜业、谷物、农牧业混合和特种作物家庭农场 4 大类。

（2）国外家庭农场经营的特点。①政府扶持。美国家庭农场的兴盛，与政府的全面支持分不开。多年来美国政府一直给予农业很多税收优惠，每年约有 1/4 的农场主免缴所得税。按较高税率纳税的只是 5% 的大农场主，所缴税额占比 50% 左右。另外，联邦政府还直接对农业进行高额补贴，以补偿农民的市场损失和农作物歉收损失，保障农民收入。另外，美国政府扶持还通过农业部推广局的技术帮助和农场主家计管理局的金融信贷支持来进行。家计管理局贷款利率低于政府贷款的 2.4%，并对农场提供私人信贷担保等。对于加拿大来说，中央和地方政府的主要职能就是为农业生产创造一个良好的秩序，保持家庭农场收入持续稳定增长，有利于农业长期保持先进地位。从总体上看，加拿大政府并不直接干预家庭农场主的日常经营活动，主要是通过法律手段来约束，并引导家庭农场向更高层次发展。

②社会服务体系比较健全。美国农业社会服务体系健全发达，农业部下属各机构为家庭农场提供产品销售指导和金融工具风险评估，农业产业协会提供市场信息、种养殖新品种推荐、病虫害防治、天气预报以及政策咨询等。美国农民接受了很高程度的农业专业教育，能够科学经营家庭农场。加拿大政府通过多种途径和先进手段直接为家庭农场服务，在建立正常生产秩序的同时，有效维护了农民利益。比如建立高效完善的科研推广体系，源源不断地为家庭农场主提供不断更新的科研成果和技术，使加拿大农业始终领先世界水平。

③家庭农场市场化程度高。美国家庭农场不是自给自足的，其生产的目的是为了盈利，因此产品必须进入市场才能获利。加拿大家庭农场要依

① 周忠丽，夏英. 国外"家庭农场"发展探析 [J]. 广东农业科学，2014 (3).

法设立登记，生产运作非常规范。农产品生产的行业协会、商会、促进会等组织实行自由聘任和选举。加拿大政府并不统一制定农产品价格，农场主在市场交易中具有独立的谈判地位，价格依据市场规则确定。

4.4.2　国内新型农业经营主体的案例描述

1. 江苏省扬州市现代农业特种作物专业合作社

江苏省扬州市现代农业特种作物专业合作社成立于 2006 年 11 月。其前身为江都市常平金花菜（俗称黄花草）协会。合作社按照种植要求，不断规范生产操作规程，建立健全产品质量可追溯制度，从生产源头提升产品品质。在成立初期，合作社就与入社成员及种植户签订协议，进行相关约定。该社实行订单收购，先后注册"早晚"、"中谷香"、"绿色洋洲"等 8 个商标，管理水平不断提升，利益分配机制日益健全，产品知名度不断扩大，市场份额明显提高。目前，该合作社共有入社成员 300 户，产品加工区占地 60 亩，种植示范基地 13000 亩，带动农户 4300 户，增加收入1800 多万元。该社注册资本 1000 万元，拥有固定资产 890 万元，2011 年收购金花菜等农作物 8000 吨，实现销售 8360 万元。[①] 在利益分配上，根据章程规定和成员代表大会决议，合作社给成员返还不低于 60％的盈余。

为了提高成员素质，该专业合作社聘请行业专家办班讲课，开展多形式和多层次的培训。组织生产加工专业技术人员参加省市技术监督局开设的培训班，并与扬州大学农学院、里下河农科所等合作，培养专业技术人员。定期举办技能培训，成员参与率不少于 95％。挑选和鼓励热心农村事业、有进取心的当地农民学习农业科技，并邀请种田和养殖能手进行示范性指导，以培养出一批"田秀才"和"土专家"。[②]

2. 江苏汤大伯家庭农场

2013 年，江苏汤大伯家庭农场在江苏省溧阳市社渚镇成立。该家庭农

---

① 姚国龙. 江苏省扬州市现代农业特种作物专业合作社 [EB/OL]. 2013 年 4 月 21 日 . http：// www. ccfc. zju. edu. cn/a/hezuosheku/jiangsu/2013/0421/15420. html.
② 赵松娥. 扬州市现代农业特种作物专业合作社完善合作机制做大金花菜产业 [J]. 农家致富，2010（4）：17.

场由社渚镇梅山村农民汤芳伢全家经营，家庭成员是农场的主要劳动力。占地总面积 5100 多亩，其中种粮面积 4480 亩。该农场形成主要有以下特点：一是规模种植。2012 年农场种植规模已达 4480 亩，主要通过土地流转形成。二是装备配套齐全。目前农场拥有大型农业机械 178 台（套），购置烘干机 4 台，接送车 3 台，建造农机库房 3000 平方米、粮库 1600 平方米和水泥场地 3000 平方米。三是科学化管理。注重新技术和新品种的推广应用，近年来引进水稻"5055"、"扬麦 16"、"武运粳 23"等优良品种。四是基础设施好。农田连片成方，沟渠路配套，机耕道路畅通。五是家庭成员为主。该家庭农场共四个主要家庭劳动力，同时聘用技术员等 18 人，临时短工 60 余人。①

3. 我国新型农业经营主体发展存在的问题

经过多年的探索，我国新型农业经营主体发展已经取得了一定的成就，但仍然存在一定的问题，主要体现在：

（1）主体认定发展无序。主要表现在两个方面：一是工商登记的随意性大。按照江苏省工商局注册分局规定，除注册资金有具体要求外，家庭农场的登记认定没有相对统一的标准。二是农场经营者身份规定不严格，没有制定出合理的产业和区域发展规划，这必然会影响新型农业经营主体的健康、可持续发展。

（2）政策扶持无力。目前我国还没有针对新型农业经营主体的特惠扶持政策。新型农业经营主体的发展迫切需要解决土地承包关系的稳定、土地租金及农业机具购置补贴、生产资料贷款难、农村用电以及农业保险等多方面问题。

（3）培训力度不够。近年来，国内针对新型农业经营主体的职业技术教育培训仍然相对较少。由于新型农业经营主体中持农技专业证书的农民比重偏低，使得原本文化素质较低的农民队伍很难向职业农民转变。

（4）土地流转期限短。现阶段我国的土地流转期限普遍偏短，以 3 ~ 5 年居多。受到多种因素影响，新型农业经营主体对长期发展项目不愿也不敢投入，导致一些有潜力的农业项目得不到开发，影响了土地产出率的提高和现代农业的快速发展。

---

① 孙根华等. 培育新型经营主体，推进农业转型升级——来自江苏汤大伯家庭农场有限公司的调查 [J]. 江苏农村经济，2013（6）：63 - 64.

4.4.3 经验借鉴

发展新型农业经营主体是创新农业经营体制的重要内容，有利于加快实现农业现代化。本书通过总结国内外新型农业经营主体发展的经验，可以获得以下借鉴：

1. 认清本国国情，逐步发展新型农业经营主体

国内外经验表明，各个国家发展新型农业经营主体既有很多相似之处，也有各自不同的特点。我国有着特殊国情，发展新型农业经营主体，不仅需要借鉴他国经验，更需要结合本国实际。当前我国农业发展不仅面临着农民土地经营零碎化、生产兼业化的不利状况，而且还需要解决农民年龄偏大、文化技术水平较低的问题，这意味着我国新型农业经营主体的发展将是一个艰难和长期的过程，必须通过"以点带面"的方式逐步实践和推广。只有结合我国国情，才能在现有家庭承包经营制下，培养出具有较高文化和技术水平、会经营管理的职业农民，并加快农业经营组织创新，以培育出具有较强市场竞争实力的新型农业经营主体。

2. 搞好土地流转，实现规模化经营

新型农业经营主体的成长离不开良好的制度环境。国内外典型案例说明：新型农业经营主体可持续发展的最根本因素在于农地制度设计是否体现公平与效率。无论农民合作社抑或家庭农场，没有大量农地流转，是不可能实现农业的适度规模经营的。因此，应依法维护农民的土地承包经营权，允许其进行抵押和担保，或入股发展农业产业化经营。鼓励土地的承包经营权在公开市场上向新型农业经营主体流转，实现新型农业经营主体的适度规模经营。

3. 制定认定标准，规范经营行为

以家庭农场为例，其基本要求是以家庭成员为主要劳动力，通过农地流转来适当扩大农业经营规模。发达国家的家庭农场无论面积大小，其生产经营都是依靠家庭成员完成的。我国在这一点上仍然做得不够规范。如青岛鸿飞大沽河农场有 333.33 公顷的大面积经营耕地，农场社员共有 170 人。[①] 但是，我们发现该农场并未以家庭成员为主要劳动力，充其量只能是农场，而不应看成是家庭农场。由于家庭农场认定还没有完全明确，没有统一的政策和经营模式认定标准。因此，对于我国地域性差别较大的耕地资源，各地应因地制宜地制定家庭农场认定标准，适度控制土地经营规模。

4. 加大农业补贴，增强市场竞争力

可以采取多种方式对新型农业经营主体进行补贴。第一，项目资金支持。可以对有发展潜力的农业项目给予财政资金支持，但是必须规范项目审批和管理。第二，农业直补。主要针对良种、农资、粮食、农机、动物防疫与育种、病死猪无害化处理等进行补贴。第三，农业保险。农业规模化经营不可避免地存在风险，新型农业经营主体收入的实现有赖于农业保险提供的保障。

5. 提供社会服务，培养新型职业农民

当前我国农民整体素质偏低，现代经营理念和竞争能力缺乏，对新品种、新技术等新鲜事物接受较少，创新意识不强，风险承受能力较弱。对此，相关部门要优化服务，鼓励和支持符合条件的种粮大户向家庭农场发展；同时，加强与农业院校、研究机构的密切合作，以农业部培训机构为主导，每年组织和提供定期或不定期、中短期教育服务，以打造知识型农民队伍，提高新型农业经营主体市场竞争力和生命力。要创新制度和政策，让农业成为能赚钱、有前景的行业，加大对现代农业的宣传和人才引进力度，吸引专业知识较强、富有创新精神专业技术人员和大中专毕业生献身农业。

6. 推进科技化和机械化，提高经营效率

国内外经验证明，新型农业经营主体应拥有较高的科技化和机械化水平，经营效率和资源使用效率才能进一步提高。当前发达国家新型农业经

---

① 周忠丽，夏英. 国外"家庭农场"发展探析 [J]. 广东农业科学，2014 (5)：22 - 25.

营主体的科技化和机械化水平都很高，我国与之相比有相当大的差距。在我国，新型农业经营主体的科技化和机械化水平不仅取决于当前的生产力水平，还与城镇化进程的快慢和农业人口数量的多少有关。只有在城镇化发展到一定水平，农业剩余劳动力转移到一定程度时，农业人地比例才会十分协调，新型农业经营主体的科技化和机械化水平的提高才有意义。若仍然采用传统耕作模式，而不是依靠较高的机械化水平，是不可能实现集约化和规模化经营的。所以，只有当农业科技水平不断提高和农机装备不断完善，才能逐渐提高新型农业经营主体的效率。

4.5　本章小结

正确认识农业和农民，是探究农业发展缓慢和传统农户弱势原因及出路的前提。长期以来，分散化经营模式造成农户的市场弱势和组织弱势，但农业不是天然的弱质产业。一方面，农业科技成果的应用使得自然风险不再是农业生产经营的主要影响因素。另一方面，高风险并非是弱质的代名词。生产周期长、资金周转慢不能作为农业是弱质产业的根据。同时，农民是理性的生产者。我国农业生产中出现"过密"化现象根源主要在于传统小农所受的约束因素，跟传统小农行为方式没有直接关系。我国农业发展的实践证明，农民按照价格信号理性地调节自己的经济行为，以追求利益最大化。因此，本书认为，农业享有与其他行业同等的市场地位，也可以培育出有竞争实力的市场主体。

目前，"小、散、全"的传统农户在农产品生产经营方面同质性较强，相互之间分工协作非常少，导致农产品成本高、农业经营效益低和农业竞争力弱的问题。因此，传统农户不可能成为真正的市场竞争主体，与发展现代农业的要求相距甚远。而新型农业经营主体则顺应了现代农业的发展趋势，对农业经营方式进行选择，极大地提高农业产业组织的竞争力，代表着我国农业经营体制和机制的创新，具有较强的市场竞争能力，并在经营活动中显示出较强的农村金融资源聚集能力，成为农村金融市场的中坚力量，能够胜任现代农业发展的重任。

现阶段，新型农业经营主体以专业大户、家庭农场、农民合作社、农业产业化龙头企业为骨干，其他组织形式为补充，在信息技术、要素投入和市场开拓方面优势明显。与传统农户相比，新型农业经营主体在贷款额度、期限、方式等方面都具有显著的融资优势。国内外经验表明，新型农业经营主体不仅有利于农村经济结构优化和发展水平的提高，有助于改变传统农户和农业的弱势地位，同时可以为农村金融发展创造良好的经济环境，激励农户融资并提高其融资能力，解决我国农户融资需求与农村金融供给无法匹配的问题，使农户与城市工商业同样享有平等的信贷待遇，并增强农民增收的实力。但由于我国新型农业经营主体起步较晚，发展时间较短，在规模和效率上都与发达国家存在较大的差距。因此，应能够认清我国国情，逐步发展新型农业经营主体；搞好土地流转，实现农业规模化经营；制定新型农业经营主体的认定标准，规范其经营行为；加大农业补贴，增强新型农业经营主体市场竞争力；为其提供社会服务，培养新型职业农民；推进科技化和机械化，提高经营效率，从而加快实现农业现代化。

第5章　正规金融支农有效性分析

历经几十年的改革，我国正规金融在农村已逐步形成以农村信用社为主，辅之以其他金融机构的多层次金融体系。然而现阶段正规金融并没有真正体现出其支持农业和农村发展的功能。本章基于正规金融对传统农业和现代农业不同影响分析的基础上，对照金融制度有效性的衡量标准，分析正规金融支农有效性的表现及影响，并探讨其有效性不足的制度根源，对正规金融支农功能进行重新定位，探索其完善机制。

5.1　正规金融对传统农业和现代农业的作用

从根本上说，正规金融对农业生产的影响受到农业经济形态特点的制约。传统农业与现代农业属于两种不同特点的经济形态。作为一种特殊类型的经济均衡状态，传统农业是人类农业史上的一个重要阶段，处于自给自足的发展状态，生产力水平较低。与传统农业相比较，现代农业是高层次的发达农业，既拥有高水平综合生产能力，又建立现代企业制度，从而在国民经济中成为具有较强竞争能力的现代产业。对于这样两种经济形态的农业，正规金融产生的作用显然有着很大的不同：

第一，金融服务范围不同。传统农业生产的是初级农产品，其产品价值小，产业起点低，对金融服务基本没有需求。即使有，也主要是少量的季节性的资金需求。而现代农业对金融服务要求已突破传统农业的范围，覆盖了整个价值链和产业链，因此要求正规金融机构拓展业务领域，不仅包含银行类金融机构，还应涉及保险、期货、证券等非银行金融领域。

第二，资金供给规模不同。传统农业从事的是简单再生产，生产经营规模很小，户均拥有土地面积往往仅几亩地，投入资金主要靠农民自身积累，无论是在生产发展方面，还是在生活提升方面，对信贷的需求都是非常微小的，从而产生农村金融的需求抑制，这使得正规金融供给规模极其有限。在现代农业阶段，一改过去那种消费需求跟着农产品供给走的传统习惯，转变为按市场需求来组织农产品生产、农业不断走向市场化和专业化的良性状态。规模化、集团化、反季节和农产品深加工成为现代农业的生产新常态。因此，现代农业的资本密集度将明显上升，单靠农民自身投入远远不能满足农业生产发展的需要，资金供给成为农业金融的主要制约因素。可见，相对于传统农业，现代农业获得的正规金融供给规模要大得多。

第三，金融服务层次不同。传统农业以小规模家庭为主，经营主体比较单一，生产与产品流通具有很强的地域性特征，一般在本地交易，交易方式比较落后，对资金的需求量极少，农民对正规金融服务的需求只局限于存、贷、汇等方式。在现代农业阶段，经营主体的市场竞争能力较强，其生产和流通的地域性已经不再明显，交易手段日益更新，对金融产品和服务的需求也不断多样化，已不再局限于简单的存、贷、汇等方式。不仅通过信贷方式进行金融交易，还可能面向资本市场融取资金。

第四，对金融机构服务的系统性、网络性要求不同。传统农业生产属于简单的生产和再生产，自给自足是其特性，即使没有正规金融机构，传统小农经济仍然正常进行，所以对金融机构服务的系统性和网络性要求很低。而现代农业在地区辐射上，不仅面向农村地区，更要面向城市寻找市场；在联系的居民类型上，现代农业在与农民有着天然联系的同时，更离不开城市居民甚至境外居民的参与；等等。因此，现代农业所需资金和信息交流非常频繁，资金流动的范围非常广，这就对金融机构提出了很高的要求。只要现代农业涉及的区域，都需要金融机构开设相应的营业网点，并且要有高效、便捷的电子化网络，通过互联网金融开展业务。

第五，对金融服务水平的要求不同。传统农业自身因科技含量低，资金需求少，对金融服务没有特别的要求。而现代农业以生产的科技化、规模化和产业化等为特征，因此对经营者的能力要求很高，同时也对金融服务水平形成挑战。这就需要金融机构加强服务管理和培训，提升金融从业人员的服务能力，改变基层员工知识老化的现象，促使金融服务能够跟上时代的潮流。

　　总之，传统农业的金融依存度很小，正规金融对其生产的影响微乎其微，而现代农业需要大量长期资金的筹集、投入和使用，与金融的相关性很强，正规金融对现代农业的影响是非常大的。

5.2　正规金融制度是否有效的衡量标准

　　从金融资源配置功能角度来看，一国或地区的正规金融制度是否健全和完善的判断标准，主要有适应性、效率性和完备性三个标准。当正规金融制度无法满足这三个标准时，正规金融制度的支农功能将受到严重限制。

5.2.1　适应性标准

　　对于一种既定的金融制度来说，能否适应一定的经济环境是非常重要的。只有与经济发展阶段、经济体制性质、经济交易方式以及所处的市场结构等吻合起来，才能保证金融制度实施的可行性，从而才能充分发挥金融制度的功能，为相关参与者带来收益；反过来，如果金融制度不适应经济环境，那么就可能导致制度参与者经济行为扭曲，其相关的交易费用就会增大，从而带来经济损失。金融制度的适应性通常有多种表现，主要归纳为两个方面：一方面，与经济运行结构的适应程度。由于经济发展在不同地区和领域有着一定的差距，处于其中的经济主体或经济活动对资金的需求不一定完全相同，或多或少会存在一定的差别。制度供给者应根据不同地区或区域的经济发展状况，提供与融资需求相配合的金融制度供给，并通过多种方式来调节资金余缺，实现金融资源的优化配置和有效运用。另一方面，能否满足多样性金融需求。经济发展日新月异，不同经济主体对金融产品和服务也有着不同的要求，比如，有的需要信贷资金的支持，而有的则有实力需要到资本市场去融资。这样就需要金融制度能够根据金融需求来设置种类齐全的金融组织，并保证金融机构充分发挥其功能，以便为需求者提供多元化的金融服务和多样化的金融产品。

5.2.2　效率性标准

判断金融制度是否完善和健全的第二个标准是效率性。如果一种金融制度能够保证金融交易成本最低，以及储蓄—投资转化率最高，那么这种金融制度就是具有高效率的。金融制度的效率性主要体现在三个方面：一是金融工具和交易规则能否有效地节约交易费用。若交易费用降低，则金融活动的收益或报酬会增加，从而在既定的资金条件下激励金融行为主体最大限度地促使储蓄向投资转化。二是资金转化是否具有多元化的渠道。不同经济主体基于规模、经营水平和资金用途等因素，往往对资金来源有着不同的要求，因此，金融制度应考虑设置多样化的金融机构和金融工具，最大限度地动员储蓄并促使资金尽快向投资转化，提高资金配置的效率。三是是否尽可能地鼓励竞争和限制垄断。在充分竞争的金融市场中，金融需求主体能够以较低的资金价格和交易成本，获得"质优价廉"的金融产品和服务，从而激励更多的金融创新和金融交易，提高储蓄向投资转化的效率，并将资金配置到效益较高的领域中。

5.2.3　完备性标准

判断金融制度是否完善和健全的基础性评价标准是完备性。所谓金融制度的完备性就是指从系统的角度来考察金融体系均衡、稳定、协调、有序和有效的运行。完备的金融制度能够降低金融风险，优化资源配置，促使金融机构经营更加稳健。而不完备的金融制度则导致货币政策不能被有效地实施，难以确保宏观调控目标的实现，在一定程度上影响金融机构的稳健经营，导致要素配置和使用效率难以提高。金融制度的完备性主要体现在：一是金融机构产权制度的健全程度。产权制度是否明晰，直接影响着金融机构的经营发展状况。若产权不明晰，则金融机构产权无法有效地发挥激励作用，最终造成金融机构经营管理的不稳定。二是金融制度体系的完整程度。完整的金融制度体系既包括银行类金融机构，还包括非银行类金融机构如证券、保险、担保等，此外还要完善相关法律制度。因为法律制度是金融体系持续、稳定、健康发展的重要保障。

总之，按照上述衡量标准，可以分析现阶段农村金融制度的有效性问题，并探索构建适应农村经济发展和融资需求，具有较高适应性、效率性和完备性的现代农村金融制度。

5.3 正规金融支农有效性的表现与影响

5.3.1 适应性的表现与影响

目前，我国正规金融机构之间存在一定程度的功能错位，缺少相应的分工合作，这表明正规金融制度"适应性"是缺乏的。

1. 正规金融机构支农功能缺失与错位

（1）商业银行的支农力度普遍减弱。出于对安全性、流动性和盈利性的坚守，自 1997 年以来，各大国有商业银行源源不断地大量撤并农村金融网点和业务。迄今为止，四大国有商业银行共撤并 3.1 万个县及以下机构，其中，原先在农村金融领域发挥主导作用的农业银行机构数从 1997 年末的 63676 个下降到 2011 年末的 23461 个。[①] 同时上移核算单位，上收贷款审批权和财务权。除一些小额质押贷款外，其他贷款权则统一集中到省分行，并将经营重心逐步向发达地区和中心城市转移，向优势行业倾斜，而涉农金融机构在农村已蜕化为存款部门。如近年来农业银行农业贷款约占其各项贷款余额的 10%，一般中小规模的农村经济主体很难得到农业银行贷款。而被称为"资金漏斗"的邮政储蓄银行则分流了支农资金，对农村吸储的比重不断上升。

国有商业银行的大规模撤离，导致商业银行整体支农功能明显不足。从总量结构来看，"存多贷少"现象仍然存在。以邮政储蓄银行山东省分行为例，[②] 截至 2012 年末，全省存贷比不足 18%，大量资金上存。从资

---

① 2012 年银行个人业务情况探讨分析 [EB/OL]. http：//www. chinairn. com/print/news105 1401. html.

② 农村金融机构资金外流突出，信贷投入依然不足 [EB/OL]. 金融时报，2013 年 3 月 18 日. http：//news. trjcn. com/detail_38264. html.

金流向看，农村信贷资金大量流向城市工商业，导致城乡之间金融资源配置的失衡；从资产结构看，农村金融机构信贷资产质量不高，财务状况令人担忧，农业贷款风险高。

（2）农村信用社的合作金融作用名不副实。农村信用社是由个人集资联合组成，以简单手续和较低利率向社员提供信贷服务，具有合作性。但是农村信用社自成立到发展，始终缺乏农民参与的制度基础。因对农信社改革的发言权太小以及"集体行动难题"，农户难以对改革产生影响；并且，农信社既成的内部利益集团出于对既得利益的担心，不愿意真正地进行合作制改革。所以，改革悖论就在于，农信社改革只能由政府推动，但政府推动会导致农村信贷市场竞争不足，金融服务难以多样化。过多的行政干预和政策性任务给农信社遗留了沉重的历史包袱，信贷供给规模不足。入股农户长期得不到股金分红，只能获得按年派息，而且入股额度小的农户在使用权、处置权和收益权等方面受到限制，不能形成稳定的利益机制。另外，农信社的净资产属于不可分割的集体财产，存在所有者虚置、产权监护不落实和不固定等问题。

目前，农村信用社是设置最普遍、机构网点最多的涉农金融机构，但仍具有商业经营特性，大大降低了农户贷款可得性，从根本上有悖于其服务农村的宗旨。2012年山东省农村信用社新增涉农贷款占比64.8%，同比下降30个百分点。[①] 由于农村信用社不具备健全的风险防范措施和监督机制，20世纪90年代之后，大多数乡镇企业发展艰难，许多长期贷款本利无收，造成农村信用社不良贷款大量增加，这不仅使其更加"惜贷"，也导致农民对信用社的信任度降低，最终导致大量闲散资金流失于地下金融。

（3）农业发展银行支农作用不足。从名义上来说，农业发展银行属于政策性金融机构，但其主要从事短期贷款，并将资金投放于粮食收购，中长期贷款业务几乎不存在，限制了政策支农功能的发挥。一是缺乏立法支持。农业发展银行属于政策性银行，商业银行法不适用于它。从1994年成立至今，农业发展银行的经营运转只是依据《中国农业发展银行章程》和一些政策性文件，立法层次较低，具体内容和指导作用相对滞后。二是

① 农村金融机构资金外流突出，信贷投入依然不足 [EB/OL]. 金融时报，2013年3月18日. http://news.trjcn.com/detail_38264.html.

组织结构不合理。农业发展银行实行总分行制组织模式，按行政体制、区划以及政府级别设置，具有极强的行政耦合性。这种组织模式从来没有体现出"金融组织规模是经济活动规模的函数"原则，导致农业发展银行业务运行效率的低下。三是业务范围狭窄。自 1998 年起，商业银行开始接受扶贫和农业开发等专项贷款，及粮棉企业加工和附营业务贷款，农业发展银行则演变为"粮食收购银行"，而亟须扶持的农业技术创新及农村基础设施建设等却得不到应有的支持。四是资金运用效益不高。由于粮食企业获得贷款后没有还贷激励和压力，在政策性因素及自身体制制约下，农业发展银行面临着不良贷款比例过高等问题，导致农村经济陷入贫穷的恶性循环。

2. 金融产品结构不合理

随着农村产业结构调整步伐加快，包括信贷额度和期限结构在内的农村金融需求日益多样化，但正规金融支农服务制度安排却没有做出相应改变。

（1）信贷额度与需求额度错位。在我国农业产业化过程中，一批以规模化方式专营林果、水产、畜牧和运输的专业大户开始形成，同时，随着农业现代化进程的加快，家庭农场、专业大户、合作经济组织等农村经济组织也越来越多。由于农民手中的资金已经不再仅仅用来购买化肥、种子、农药、农机等生产资料，而是用于农业生产经营的更多方面如农业科技培训和推广等，这必将引起农村金融需求规模的迅速增长。然而，目前正规金融机构的授信限制非常严格，影响农业产业结构的调整和升级。例如，小额农贷的授信额度通常是 500 元／户 ~ 3 万元／户不等，假若农民资金需求超过 3 万元，则很难获得贷款。①

（2）信贷期限与农业生产周期错位。发展现代农业不仅能够扩大农民的金融需求规模，也延长了农业生产的周期。由于资金需求主体主要不再是弱小的传统农户，也不再是以往"春种秋收"式的粮食种植，而是不断出现的如大棚蔬菜生产、水产养殖及农业机械投资等长周期经营项目，这些项目投资大、回收期往往需要 2 ~ 3 年甚至更长时间。中国人民银行总

① 谢伟等. 小额农贷不可"因噎废食"［EB/OL］. 2008 年 9 月 11 日. http：//bank. hexun. com/2008 - 09 - 11/108726918_1. html.

行发布规定,[①] 农村信用社支农再贷款期限最长 2 年,不得借新还旧。这意味着,农村信用社是根据支农再贷款的规定期限而不是以农业生产的实际时间为依据来合理确定贷款期限的。这种期限规定只适合传统的粮食种植、普通养殖业,与现代农业较长的生产周期不相适应。[②]

5.3.2 效率性的表现与影响

1. 储蓄向投资转化的效率不足

如前所述,正规金融机构所固有的市场化经营本质导致其不愿将款项贷给缺乏抵押和担保的弱势农户,而将吸储的农村存款通过系统内上存、票据购买等方式转移到回报率较高的城市或经济发达地区,导致农村资金大量流失,致使农村正规金融支农功能大打折扣。通常,储蓄转化为投资的效率可以存贷差和存贷比指标来衡量。其中,存贷差通常用一定时期内存款余额与贷款余额的差额来表示;存贷比反映金融机构把从农村吸存的款项转化贷款为支农发展的情况。根据《中国农村金融服务报告 2010》,2010 年末全国农村信用社各项存贷款余额分别为 8.8 万亿元和 5.9 万亿元,比 2002 年末分别增长 3.4 倍和 3.2 倍,存款总额远大于贷款总额,且前者增长速度快于后者,导致存贷比(DLR)越来越高,存贷差(DLS)越拉越大(如图 5 - 1 所示)。

据统计,改革开放后,我国每年有 3000 亿 ~ 6000 亿元的农村资金通过正规金融渠道流出。[③] 农村金融资源的外流严重影响农村储蓄—投资转化效率,导致金融资源配置效率低下。1996 ~ 2010 年间,正规金融机构每单位贷款创造的农业增加值和乡镇企业增加值远小于全国平均水平,说明正规金融资源的配置效率低下(如表 5 - 1 所示)。

---

① 中国人民银行总行货币政策司. 中国人民银行对农村信用合作社贷款管理办法 [EB/OL]. 2004 年 6 月 24 日. http://www.pbc.gov.cn/publish/zhengcehuobisi/613/1165/11659/11659_.html.

② 邓奇志. 功能视角下我国农村金融效率的现实审视及优化路径 [J]. 农村经济,2010 (5):52 - 55.

③ 顾海峰. 我国现代农村金融服务体系组织建构研究 [J]. 河南金融管理干部学院学报,2009 (1).

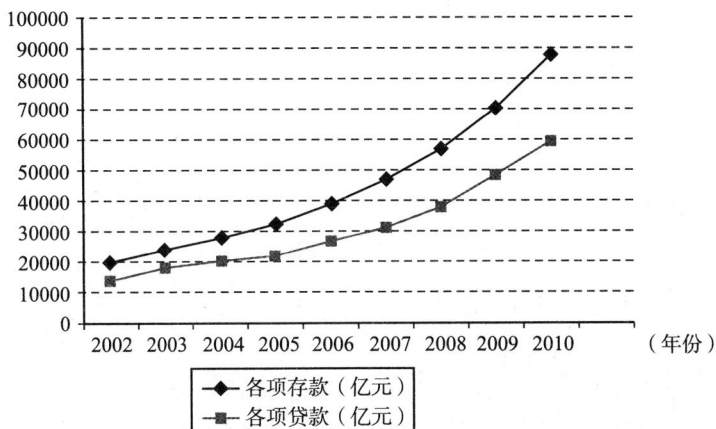

图 5 - 1　农村信用社改革以来存贷款变化情况

资料来源：中国人民银行农村金融服务研究小组．中国农村金融服务报告 2010 ［M］．北京：中国金融出版社，2011：9。

表 5 - 1　　　　　　　　　　　农村正规金融配置效率　　　　　　　　单位：%

年份	全国 GDP/农村正规 贷款余额	农业 GDP/农村正规 贷款余额	乡镇企业增加值/农村 正规贷款余额
1995	9.27	1.81	2.22
1996	4.80	0.91	1.19
1997	4.28	0.75	1.12
1998	4.07	0.69	1.07
1999	3.93	0.62	1.09
2000	4.53	0.63	1.34
2001	4.67	0.62	1.38
2002	4.64	0.58	1.41
2003	4.68	0.51	1.26
2004	4.94	0.56	1.29
2005	5.25	0.56	1.43
2006	5.38	0.55	1.47
2007	5.67	0.56	1.58
2008	4.55	0.41	1.16
2009	4.54	0.41	1.25
2010	4.09	0.38	1.16

资料来源：中国统计年鉴、中国农业年鉴、中国金融年鉴，1997～2011。

2. 正规金融在农村的市场垄断程度过高

按照戈德史密斯（1969）的观点，金融发展水平可用金融机构市场集中度来反映，若市场高度垄断，则会牺牲竞争效率。目前我农村信用社网点众多，处于农村金融市场最基层，具有自然垄断特性；同时是国家所做的制度性安排，属于行政性垄断；又是市场行为的结果，是国有商业银行主动撤离以及非正规金融发展受到抑制而促成的。农村信用社在农村金融市场的垄断地位，在为其带来大量租金的同时，也对市场效率产生了严重的不良影响，造成农民享受金融服务成本的提高和剩余的大量减少。

3. 系统风险较大，影响了金融资源配置效率的提高

我国农业生产面临来自自然、市场和社会信用环境等的不确定因素较多，决定了为广大农村提供服务的农村金融体系的系统性风险较高，总体收益率较低。风险与收益的不匹配，导致农村储蓄资金大量外流，而外部资金又不愿流回农村，严重影响农村金融供给与需求。由于正规金融机构相互之间缺乏有效的合作，且在农村的功能定位较低，加之农业保险、农产品期货等市场才刚起步，农村金融风险滞留于农村金融体系内部，而无法通过保险、担保和证券等方式分散，造成正规金融农村分支机构的不良贷款率居高不下。根据《中国农村金融服务报告 2010》，到 2010 年末，农村信用合作社不良贷款平均占比 11.53%，比同期其他金融机构的不良贷款率高得多。[1]

5.3.3　完备性的表现与影响

1. 正规金融机构产权残缺

产权的完整与明晰严重影响着农村金融发展。任何组织的实际控制权都是由产权安排决定的。正规金融机构可以通过明晰产权建立起激励机制；反之，若产权不明晰，则正规金融机构就难以有效发挥激励作用，既

---

[1]　中国人民银行农村金融服务研究小组. 中国农村金融服务报告 2010 [M]. 北京：中国金融出版社，2011：68.

影响金融交易的成本和配置效率，也影响成员之间的收益和权利分配。长期以来，我国金融机构体制不健全，农村金融发展滞后，其根本原因就在于产权关系不明晰，技术层面的手段并不能从根本上提高农村金融机构的竞争力。相反，产权关系模糊，边界没有明确，便会导致严重的委托代理问题，并引起公司控制权与剩余索取权的分离，混淆金融与财政的功能，造成激励约束机制不完善、资产质量和效率低下。例如，我国农村信用社本应属于合作金融组织，产权归全体社员所有，然而因出资人产权残缺，社员拥有的集体权利并不能对代理人进行有效监督与制约，从而使得广大社员不能掌握实际的金融权力。产权经济学认为，合作企业越大，"搭便车"问题越突出。农村信用社产权残缺导致法人治理结构不完善，信贷市场上债权债务关系不清，大量不良资产和坏账等问题便因此产生。另外，国有银行产权主体虚置也造成该类银行产权的不清晰，从而服务农村金融市场的功能弱化。

2. 农村保险机构制度建设缺位

随着农业生产的规模化和产业化，农业保险需求市场应该是不断扩大的。然而事实却是农业保险业务持续萎缩。主要原因在于，缺乏农业保险方面的制度建设，尤其是缺乏必要的法律依据和保障。现阶段我国还没有关于农业保险的专门法律、法规，现行《保险法》规定的业务范围主要是商业保险，其他的则须由"法律、行政法规另行规定"。这说明，农业保险存在法律真空，规范化和制度化尚未建设，农业保险功能和作用无法发挥。由于农业保险本身具有高风险、高成本、高赔付特征，因此需要进一步依靠再保险制度来分散风险。现实中，政府主要以直接的农业补贴和价格补贴来支持农村和农业。除免缴营业税外，政府往往将农业保险视同商业性保险，既没有财政补贴和税收优惠，也缺乏再保险支持。农业保险机构风险补偿机制的不足，导致其经营风险增大，影响经营稳定性和承保能力扩大，甚至可能造成保险公司破产。因此，农业保险成为一般商业保险公司不愿也不敢涉及的领域，目前只有政府主导的政策性保险公司来开展部分农村保险业务，服务对象和领域覆盖面很小，农村保险服务明显提供不足。

总之，我国正规金融制度的发展现状与衡量金融制度是否有效的三个标准相差甚远，严重制约了我国农村金融的发展，造成农村金融供给与需求不相匹配，这充分说明我国正规金融支农有效性是严重不足的。

5.4　正规金融支农有效性不足的根源

5.4.1　商业金融的市场化经营

在农村金融市场中，正规金融机构经营的是商业资金，是自负盈亏的市场主体，在经营活动必须考虑到安全性、流动性和盈利性的"三性"原则，因此，正规金融机构经营的主要功能既不是扶贫也不是保障，而是像市场经济中的其他企业一样，期望能以尽可能低的成本获得最大的利润。正规金融机构对于贷放出去的资金不仅要求能够安全回收，还要求能够尽可能地盈利。现阶段我国农业经营主体大多数是小规模分散的传统农户，收益低、风险大，抵押资产不足，还贷能力较差，这使得正规金融机构不愿冒贷款本金难以收回的风险，不仅收益可能很难得到实现，甚至有时成本也难以收回，更不可能实现规模效益。在利率管制的情况下，正规金融机构虽然不能随意调整存贷款利率，但并没有褪去商业化经营者的本色，仍然能够以其最大努力改变资金流向，保证其获得更多的回报。所以，正规金融支农有效性不足是显然的。

5.4.2　政府主导下的金融抑制与准入限制

新中国成立以来，我国农村金融制度变迁是在政府主导下进行的。这在一定程度上降低了制度变迁的交易费用，缩短了制度变迁的时滞，有利于降低成本和维护社会稳定。然而，政府对宏观经济的调控是受自身行为目标所制约的。一方面，商业银行国有化改革使得大量资金流向了国有部门，为城市工商业动员储蓄成为正规金融机构在农村活动的主要目的。由于农村金融供给制度安排维持刚性，甚至相对萎缩，农村金融供求出现失衡。现阶段，农村经济发展的资金需求很难得到满足，农民贷款问题长期得不到解决。正规金融支农供给不足与农村经济发展资金需求的扩大之间形成缺口。而正规金融制度不健全，使得农村资金来源和资本形成严重不足，农村资金配置效率扭曲客观上又刺激了地下钱庄、高利贷等非正规金融机构的发展，加剧了农村金融抑制。

另一方面，政府对金融机构准入严格限制，以保有金融控制权并获得垄断租金。国有银行市场化改革前，农业银行和农村信用社被直接指定为农村和农业服务的金融机构；市场化改革后，农村信用社和农业发展银行主要为农村经济提供合作性和政策性金融服务，而农业银行则逐渐从农村金融领域退出。这期间，地方政府曾一度支持农村合作基金会等非正规金融组织，但因非正规金融组织的不规范发展，且削弱了正规金融机构的垄断地位，所以之后政府严厉打击甚至消灭各种民间借贷。

5.4.3 利率管制，金融功能与财政职能的混淆

既然冠以农村金融的名义，就应该为农村提供融资的便利，以满足日益增长的农村金融需求，支持我国"三农"的发展。然而，金融支农的政策取向常常与正规金融机构的市场化目标之间存在冲突。一般来说，金融机构只有自身不断地取得收益，才有能力持续支持"三农"发展。由于农业生产的特性以及农户金融需求的小额分散特征，导致农村金融机构经营成本高、风险大，客观上要求农村利率高于城市利率。若信贷利率很高，靠农业收益为生的农民无法去承受较高的利息，更没有剩余资金进行农业的扩大再生产，由此可能会陷入农村信贷的"利率悖论"——利率若不提高，金融机构无法生存和发展；若提高利率，农民就不能积累资金以备扩大再生产。正因如此，所以政府在既往的农村金融改革中，既期望信贷资金集聚于农村，又害怕农村利率提高，于是一味依靠行政命令强制资金流向农村，对农村金融市场采用统一的低利率政策，市场机制的定价作用无法得到发挥，过多的社会成本被农村金融机构背负，大量不良资产不断增加，从而导致其出现财务的严重不可持续。

然而值得一提的是，支农与提高利率并不矛盾，关键是要处理好金融功能与财政职能的关系。从公平角度来讲，农户理应与城市借款者一样去承担同样的商业信贷利率，但因农业比较收益很低，且具有维护国家粮食

安全的重要社会功能，若农户与城市借款者获得等量信贷后投资收益不同，则农户对利率的承担能力显然要差得多。现阶段，农村利率定价过低实质上是金融承担部分了财政职能，却没有实现既定目标，这显然违背了客观经济规律，伤害了农村金融的根基，导致农村金融市场萎缩。事实上，金融功能与财政职能的目标是不一样的，金融追求的是商业化利润，要靠市场来调节，而财政更多偏向于政策因素，体现的是政府意图。因此，应完全由财政贴息来解决高出的金融市场利率问题。这样可以理顺机制，明确扶持"三农"，从而正确引导信贷资金流向农村。

5.5 正规金融支农功能定位

现阶段，依据"创新农村金融体制，放宽农村金融准入政策，加快建立商业性金融、合作性金融、政策性金融相结合，资本充足、功能健全、服务完善、运行安全的农村金融体系"的要求，本书拟对正规金融支农功能进行重构与定位。

5.5.1 政策性金融支农功能定位

政策性金融的本质是准财政，是财政与金融手段的有效结合。我国农业政策性金融具有政策和金融的双重特性，既充当政府贯彻实施农业政策的工具和提供低利贷款的窗口，为扶持农业生产和促进农村社会经济发展服务，又需要健全国家金融体系的总体功能，纠正农业信贷领域中商业性金融的不足和偏差。然而，由于认识的局限性和客观环境等多方面的影响，没有完全分离和界定清楚政策性金融和商业性金融的涉农业务，隐性的政策性贷款及业务大量存留于国有商业银行，不利于其更好地服务农业，也不利于其由国有银行向商业银行转型。

金融市场竞争的不充分和金融机构自身特性会导致"金融市场失灵"，同时完全竞争的市场也会造成金融资源非均衡化。政策性金融功能的主要目标是通过修正"金融市场失灵"，以扶持竞争性市场中无法获得金融需求的经济主体。作用政策性金融机构，农业发展银行的功能应该定位在：

首先，体现金融政策意图，使之具体化为重要的直接调控经济手段。其次，实施财政和金融双重耦合功能，使财政政策和货币政策共同作用于农业领域。最后，坚持实现政策目标与社会效益的统一。在产业政策得以执行的前提下，按银行规律办事，重点防范风险，努力提高社会效益，并实现保本微利经营。可见，农业发展银行应该支持的是政府所确定的重点领域或企业，以充分发挥政策导向、政府调控和金融中介服务等重要作用。

5.5.2 商业性金融支农功能定位

经济体制改革应使市场对资源配置起决定性作用。现代农业的市场化要求其发展不能只靠政府的财政支持，而应靠市场化融资取得农业发展所需资金。这是与市场经济发展的客观规律相适应的。商业性金融机构经营的是商业性资金，其本性必然是追本逐利。而政策性金融机构更偏向于政策导向。所以，商业性金融应当依靠政策性金融引导和支持，以市场化思路来改革和发展农村金融市场，而农村金融市场存在的垄断、资金外流、金融供需失衡、小额贷款难、二元金融结构等问题就有可能解决。

现阶段，在部分县域乡镇，除农业银行仍存有营业机构外，其他国有商业银行早已撤出。农业银行已成为在国内外有重要影响的大型国家控股商业银行，具有广泛的服务覆盖面、先进的技术手段、实力雄厚、功能齐全、信誉良好等特点。农业银行将其功能定位为：首先是市场化导向。明确市场定位和主攻方向，进行金融市场细分，业务要结合辖区实际，坚持城乡统筹。主要是从事惠农卡推广和发展农户小额贷款业务，努力实现惠农卡和农户小额贷款的辐射范围。其次是服务和产品创新。财政垫支性贷款支持农村基础设施建设，对中高端农户则推出经营贷款、惠农信用卡等产品。最后是优化县域网点。重视人口密集和经济发达乡镇的网点建设，推广农村电子服务手段如网上银行、电子银行、POS 机、ATM 机等。

5.5.3 合作性金融支农功能定位

针对农民资金需求和农村经济发展，农村合作金融活动范围小，业务经营上具有季节性，主要将居民的剩余资金储蓄于本社区，为当地经济发展提供资金服务。其中，农村信用社是合作性金融的主体，对农村经济体制改革、资本要素配置、促进农村经济发展起着十分重要的作用。农村信用社的功能主要有：一是充分发挥农村金融主力军的作用。但前提条件是明晰农信社的产权关系、完善法人治理结构，提升运行成效。二是固农为本，积极支农。要充分发挥农信社网点多、信息掌握全面的优势，主动为农业和农村服务。三是提高支农实际效果。要根据农村实际，创新操作性强的金融产品与服务。

总之，要逐步增强政策性金融与商业性金融之间的合作，扩大政策性金融的支持规模和效果。各正规金融机构在农村金融市场中功能与职责范围并非截然分开，而是应该互相依赖和分工协作，这样才能形成功能优势互补的农村金融生态体系。

5.6 正规金融支农改革与创新

我国农村金融市场与城市金融市场的最主要区别在于抵押品缺乏、信息不对称、信用体系缺失等。当前，随着农业现代化进程的加快，我国农业经营主体由传统农户正逐步转型为家庭农场、专业大户、农民合作社等。正规金融县域分支机构一方面受到传统农村多重社会关系的深刻影响，另一方面也迅速接受着信息技术革新带来的变化。本书认为，正规金融支农改革应兼顾传统社会与现代科学技术之优势，不断拓展创新思路，探索既符合我国农村实情又具有现代信息化特征的正规金融支农模式。下面本书将结合一些典型的案例，对正规金融支农创新问题进行探讨。

5.6.1 信息不对称下的信贷技术理论

信贷市场解决信息不对称的方法通常是利用多元化信贷技术来甄别潜在借款人的信息，也就是通过信贷产品创新来解决信贷市场失灵。伯杰和尤德尔（2002）将信贷技术分为交易型信贷和关系型信贷两大类。所谓关系型信贷就是指通过与借款人长期接触，金融机构积累了大量的借款人私人信息，并以此为依据所发放的款项。这些私有信息如借款人品行、行为和信誉等主要通过借贷双方长期接触形成的，一般不能用资产抵押品、财务报表等来量化表示，不易编码和传递，具有人格化特征，所以被称为"软信息"。与关系型信贷相对应的是交易型信贷。交易型信贷包括财务报表型、抵押担保型和信用评分型三种信贷，所涉及和依赖的主要是易于编码、量化和传递的"硬信息"，如资产抵押品、财务报表和项目可行性分析报告等。这类信息可用统一的标准衡量，具有非人格化特征。

现代金融中介理论认为，信息生产是银行的重要功能。如果创造条件鼓励银行采用关系型融资方式，则对优化银行决策有一定的适用性。因此，解决因信息不对称引起的农村信贷市场失灵，也可以采用农村中小企业破解融资困境的信贷技术。

5.6.2　基于"硬信息"的农村抵押贷款

1. 土地经营权抵（质）押贷款：黑龙江省样本

根据党和国家的政策意图，要赋予农民对土地承包经营权的处置权，其中就提及农民享有对承包经营权抵押、担保的权能。国际上对土地确权的信贷供给研究比较庞杂，争议也很多。目前国内大多数学者都是基于土地抵押的合法性、制度性以及绩效等就农村抵押贷款问题展开研究，但这些研究仍不够全面，本书主要以黑龙江省的土地经营权抵押贷款为典型案例，分析我国农村开展土地经营权抵押贷款的机制与路径。

为推动农村金融创新，实现黑龙江省域内农村土地经营权抵押贷款业务的全覆盖，黑龙江省发改委牵头修订的《黑龙江省农村土地经营权抵押贷款暂行办法》（以下简称《办法》）正式出台。[①] 具体规定如下：

一是"2 年抵 1 年"的贷款机制。具体做法就是通过土地流转平台，银行将耕地转让给第三方经营。若农户要申请 1 年期借款，并以其耕地作抵押，则与银行签订 2 年期抵押合同，若农户未按期还款，银行则按 1 年为期把第二年度经营权流转给他人，即可收回贷款，第三年以后土地经营权仍归原农户。

---

① 黑龙江《农村土地经营权抵押贷款办法》解读［EB/OL］. 黑龙江日报. 2014 年 4 月 23 日 . http：//www. hlj. gov. cn/wjfg/system/2014/04/23/010650237. shtml.

二是"合同＋权证"的基本抵押条件。合作组织的核心支撑文本是经营权流转合同。由于农村经营管理站负责农村土地承包经营权的确权、颁证、纠纷仲裁等工作，在抵押时，要审核流转合同的合规性及相关的经营权证以避免重复抵押。借贷双方应签订抵押和贷款合同，然后进行抵押登记，若合同生效，银行就可放款。贷款收回后，需要解除经营权抵押，才能完成一个贷款周期。此外，还要建立经营权证管理系统，实现网络查询以公开信息，避免抵押贷款过程中的重复抵押。

三是签"抵押＋贷款＋流转"合同的抵押流程。以承包经营权抵押贷款，需要签订书面抵押合同和贷款合同。其中贷款合同为主合同，抵押合同是从合同。若贷款合同无效，则抵押合同无效。当事人双方应签订书面流转合同。若以转让方式流转，需发包方同意；若以转包、出租等其他方式流转，则应报发包方备案。流转合同的文本格式由农业行政主管部门确定。

四是发挥"政策保障＋降低成本"的权能。按照《办法》规定，单纯以农地经营权作为抵押物，可简化手续、降低贷款成本和风险。此时贷款流程简化为农户与金融机构议价、签订合同、抵押登记、发放贷款等。由于农地经营权抵押贷款业务规模大，且依赖的农地资源非常丰富，能够降低利率，延长贷款期限，最终实现发挥农地抵押贷款的低利息、大额度、期限长优势。因此，应稳定农户土地承包权，允许承包经营权进行抵押贷款，从政策上保证农民拥有合格和有效的抵押物。

五是"协商＋仲裁或诉讼"的纠纷处置。若产生争议，可采取以下方式：（1）协商。以抵押的农地经营权再流转所得受偿。（2）仲裁或诉讼。若协商不成，可申请仲裁或向人民法院提起诉讼。仲裁方式被约定，人民法院不再受理诉讼。仲裁试行一裁终局制。

2. 农村信用社小额贷款：江苏扬州样本

近年来，农村信用体系的逐步建立为农村信贷市场中引入信用评分信贷技术奠定了基础，当前农村信贷市场中主要是农村信用社小额信用贷款利用信用评分技术。2014 年以来，江苏扬州农商行根据"三农"金融服务新需求调整支农服务重点，以普惠金融为突破口，不断提高服务效率，发挥支农主力银行作用。

农村信用社主要负责对农户的信用评级。扬州农商行充分利用辖内支行点多，客户经理人缘和地缘优势，明确基层村组的金融服务联系人，以适应农村金融资金流动分布松散的特点。同时推广和普及"惠民宝"业务，确立定期走访机制，建立辖内农户电子化档案，熟悉资金流动规律，并降低贷款利率，简化贷款流程，支农力度大大增强。农村信用社对于信用评级信贷技术的使用，促进了小额信用贷款余额的投放，截至 2014 年 6 月末新增涉农贷款 27745 万元，增长 12.5%。

　　针对农村地区交通不便、信息闭塞、金融基础设施匮乏，金融服务不便的现状，扬州农商行定期开展"金融知识万里行"活动，向村镇延伸金融宣传阵地。并基于乡镇 45 家支行，在偏远村组安装便民通设备 159 台，为农民提供了便捷的金融服务。同时，加大对专业大户、家庭农场、农村合作社、农业企业等新型农业经营主体贷款投放，做到金融服务到家。2014 年以来扬州农商行新增小微企业贷款 3.2 亿元，累放新型农业主体贷款 2615 万元。[①]

　　但是，由于对农户进行信用评级需要大量的数据，包含农户的身份信息、经济信息、银行信息和非银行信息，这使得农户信用档案建立工作量过大，农村信用社需要逐户收集、整理、核实农户的信用信息，然后建立"一户一档"的纸质档案，由此带来非常高的经营成本，导致金融机构参与积极性较低。而且农户的数据信息存储比较分散，经济收支信息只有农户自己知道，户籍和纳税信息等存储于政府部门，还有一些信息存于其他金融机构。高成本导致单一的金融机构根本不具备对农户进行信用评级的能力，因此，需要完善农村信用社的农户信用评级系统。当然，信用体系的建立具有较强的外部正效应，"搭便车"现象较突出，其他组织不需太多成本便可轻易地利用农村信用社审定的农户信用信息，这就需要由政府来参与建立农户征信系统。随着农业银行、邮政储蓄银行和新型农村金融机构的进驻，政府建立的信用评级体系能够促进为正规金融机构节约交易成本，增进信息交流。

5.6.3　基于"软信息"的农村关系型信贷：山东潍坊样本

　　虽然，农户和农村中小企业缺少一般商业性金融机构所需的可用财务

---

　　①　朱浩和翟劭. 扬州农商行：务实普惠金融，助力"三农"发展 [EB/OL]. 2014 年 7 月 31 日. http://www.jsnx.net/html/zhinongfuwu/sandagongchengjianshe/7905.html.

报表等表示的"硬信息",但是中国农村社会是典型的"熟人"社会（费孝通，1948），农村金融机构可以基于熟人关系获取非财务报表表示的"软信息"，从而形成特殊的筛选和甄别信息的关系型信贷。例如，农村信用社一般在中小城镇和农村设立网点，所面对的客户不具备"硬信息"，这就要求农村信用社不断搜集当地客户的相关信息如经济社会状况、风土人情、居民家庭状况等，并将信息转化为可甄别客户信贷风险的专有知识。由于农村信用社以本地员工为主，流动性小，熟悉周边环境，便于积累信息，能与当地政府、企业和农户保持相对稳定的长期关系，由此形成其他商业银行所不具有的信息优势。同时，农村信用社总行与分行及营业网点的地理位置相距较近，更便于传递"软信息"，因此其决策链条较短，决策效率相对较高。本书以山东潍坊农村信用联盟贷款为例，分析正规金融机构利用"软信息"进行的支农信贷创新。

2011年3月，山东潍坊市农村信用联社尝试建立"农村信用自治"机制，农户通过信用互助协会内部审核后，银行根据协会意见授信。信用互助协会叫做"诚富通"信用联盟，由村内有影响力、人品好的致富带头人倡议发起，农村信用社牵头，符合条件的村民自愿组建，其核心是"村民自律、协会自治"。一般20~30个农户组成一个联盟。会员贷款首先要经过协会内部所有会员的初评。而后，农信社根据协会提供的意见，最终确定授信与否及授信额度。并且，会员按比例缴纳风险互助金，享受贷款优先、利率优惠的政策。

山东潍坊样本表明，农村信用互助协会信贷模式实际上是一种基于"软信息"的农村信贷创新。首先，信用协会成员的居住地较近，便于沟通和交流。其次，信用协会成员经营范围相近，均能准确判断各自贷款项目的安全性和盈利性。协会成员一般只会选择与经营类似的农户组成协会，而农村信用社通过对协会贷款，能够有效地利用协会成员内部"软信息"。最后，协会成员相互联保。在协会内部，会员共同构成一个紧密的利益共同体。如果单个会员违约，就会导致全体会员遭到提高利率、扣划保证金、停止发放贷款等信贷制裁，这样的行业制裁就能督促会员相互监督、共同守信。由此，在协会内部借用非正式信用制度所形成的行业制裁有时甚至会超过法律的约束。

农村信用社利用信用协会内部的"软信息"所实施的信贷模式在实践

中取得了较大成效。3 年以来,潍坊市共组建农民信用协会 5339 个,赋予农民在涉农贷款领域更多的自主权,贷款额度、效率和质量得到了极大提高。协会成员依靠信用互助协会从农信社贷款,仅个人授信额度就可达到 400 万元。[①]

5.6.4　互联网金融模式的应用

随着现代信息技术的高速发展,互联网在给人们日常生活带来革命性变化的同时,也拓展了金融业发展空间。互联网金融是依托于云计算、移动支付等互联网工具,实现资金支付和融通,以及信息中介等的一种新兴金融。其中,贷款、股票、债券等的发行和交易以及券款支付直接在网上进行,有效降低了市场信息不对称程度,使得交易双方的资金期限匹配,风险分担成本非常低。互联网金融的出现弥补了传统金融机构服务留下的空白,克服了信息不对称问题,提高了资金使用效率。

在农村金融服务领域,互联网金融模式可以解决网点建立成本和小额交易成本两大问题,满足低收入人群和偏远地区人们的金融服务需求,保证了金融服务提供的可持续性,因此,互联网金融无疑可以成为正规金融机构不可或缺的支农创新取向。比如在菲律宾,完成一笔业务,传统银行需要花费 2.5 美元,而手机银行的相应成本则仅为 0.5 美元。在秘鲁,对于现金交易,传统银行的成本为 0.85 美元,而手机银行的成本则仅为 0.32 美元。巴基斯坦塔米尔(Tameer)银行计算发现,[②] 实体银行网点建设成本是零售代理点的 30 倍。每月网点运营成本 28000 美元,而零售点运营成本仅 300 美元。低成本可以提升贫困人口享有正规金融服务的能力。当前我国农村地区信息化建设步伐加快,电话、手机、电脑和网络等信息技术在农村地区越来越普及,这为互联网金融在农村的推广和发展创造了条件,正规金融机构要积极运用互联网技术革命成果,创新支农金融服务与产品。

---

① 卞民德. 山东潍坊建农民信用联盟,农户贷款协会说了算 [N]. 人民日报,2014 年 5 月 4 日第 10 版.
② 中国人民银行农村金融服务研究小组. 中国农村金融服务报告 2010 [M]. 北京:中国金融出版社,2011.

1. 将互联网技术应用于农村金融支付结算服务

在当前信息科技发展加快的趋势下，利用互联网技术，可以提高农村金融机构的工作效率，为更多的农户提供更加便捷有效的金融服务。在实践中，江西省农村信用社先后推出"百福 e 家"系列服务，如转账自助终端、电话银行、网上银行等，加快推进电子银行机具"村村通"工程，布设自助终端、ATM、CRS、POS 等多种机具，建立助农服务取款点。目前，该省农信社正积极推进 VTM 远程柜员系统建设、手机银行和微信银行等项目的研发。

2. 建立一站式互联网金融服务

由于贷款给传统农业，会导致农村金融服务的高成本和低效益，很多金融机构支农网点亏损严重。随着互联网技术发展和智能手机普及，金融机构可以改变传统金融的服务方式，比如利用手机银行可有效形成一站式互联网金融服务。手机银行的服务成本较低，可以填补传统金融服务留下的空白。基于国际经验，正规金融机构应在农村提供信贷、转账汇款、理财、购物支付等综合金融服务模块，推广以手机银行为代表的信息技术金融手段，打造一站式互联网金融服务，不断扩大其在农村地区的覆盖面，有效缩小金融服务的"贫富差距"，实现普惠制金融目标。

3. 构建"小银行＋大平台"的优势

现阶段，支持"三农"发展的农村信用社、农村商业银行和农村合作银行为县域法人，具有规模小且规模不经济特征。若金融机构能够利用现代信息技术，将多数分散的小银行通过互联网大平台集聚在一起，建立数据大集中的信息科技平台，可以形成"小银行＋大平台"优势，既可以解决小银行规模不经济的问题，还能够充分发挥大平台的信息集成和规模优势。目前江西省农村信用社正大力推进后援中心建设，以便及时地获得完整的集成数据，使之更加有效地为"三农"和县域经济服务。

另外值得一提的是，互联网金融模式中的众筹和 P2P 具有服务程序简化、服务高效、小额贷款民间化等优点，可以为农村金融机构所采用。金融机构可以在农村通过与电信部门合作，利用移动互联网技术与微信等社交平台构成的掌上银行,开发相应的小额农贷产品。

5.7　本 章 小 结

现阶段,我国正规金融已经在农村逐步形成了以农村信用社为主体的多层次金融体系。尽管正规金融对于传统农业的影响微乎其微,对现代农业产生的作用非常大,但是正规金融并没有真正体现出其支持农业和农村发展的功能。从金融资源配置功能角度来看,一国或地区的正规金融制度是否健全和完善的判断标准,主要有适应性、效率性和完备性三个标准。当正规金融制度无法满足这三个标准时,正规金融的支农功能将受到严重限制。从事实看来,我国正规金融制度的发展现状与衡量金融制度是否有效的三个标准相差甚远,严重制约了我国农村金融的发展,造成农村金融供给与需求不相匹配,这充分说明我国正规金融支农有效性是严重不足的。正规金融支农之所以有效性不足,其根源主要在于商业金融的市场化经营;政府主导下的金融抑制与准入限制;利率管制及金融功能与财政职能的混淆。因此,应对正规金融支农功能进行重构与定位。

我国农村金融市场与城市金融市场的最主要区别在于抵押品缺乏、信息不对称、信用体系缺失等。当前,随着农业现代化进程的加快,我国农业经营主体由传统农户正逐步转型为家庭农场、专业大户、农民合作社等。正规金融县域分支机构一方面受到传统农村多重社会关系的深刻影响,另一方面也迅速接受着信息技术革新带来的变化。根据信息不对称下的信贷技术理论,本书主要通过多个典型的案例,探讨了正规金融支农创新的几个模式:基于"硬信息"的农村抵押贷款,如黑龙江省农村信用社的土地经营权抵押贷款和江苏扬州农村信用社小额贷款;基于"软信息"的农村关系型信贷,如山东潍坊农村信用联盟贷款;以及互联网金融模式的应用。本书认为,正规金融支农改革只有兼顾传统社会与现代科学技术之优势,不断拓展创新思路,才能探索出既符合我国农村实情又具有现代信息化特征的正规金融支农模式。

第6章 农村非正规金融组织转型分析

前述章节分析表明，单纯依靠现有正规金融体系难以满足农业现代化的资金需求，而作为一种自发民间融资活动出现的农村非正规金融在我国农村地区由来已久，具有明显的优势及高效的履约机制。但是农村非正规金融本身不具备合法地位，处于金融监管之外，而且存在着一定的风险，这决定了其难以很好地为农村经济发展和农民增收服务。因此，需要政府对其合理地引导和规范，而不是一味地打压甚至消灭，应促使其向正规化方向转型，从而增强农村金融供给的实力。

6.1 农村非正规金融组织转型的动因

改革开放以来，我国农村经济的改革和发展是从两个层面上展开的：一是以政府推动为主的自上而下的强制性制度变迁；二是以农民自发为主的自下而上的诱致性制度变迁。从制度变迁角度看，我国农村非正规金融主要起源于诱致性制度变迁，正规金融支农功能的不足为非正规金融的产生提供了市场空间。西南财经大学中国家庭金融调查与研究中心2013年7月发布的《银行与家庭金融行为》调查结果表明，① 我国有33.5%的家庭参与了民间借贷活动，借贷总额达8.6万亿元，其中用于购房的民间借贷规模最大，达到3.8万亿元。此外，用于农业和工商业的民间家庭借贷达3万亿元，还有少部分民间借贷用于车辆、教育等。目前，我国非正规金融

---

① 高晨. 报告称中国民间借贷高达8.6万亿33.5%的家庭参与［EB/OL］. 新华网，2013年7月5日. http://news.xinhuanet.com/politics/2013-07/05/c_124960994.htm.

组织主要有各类合会、网络民间借贷、民间贷款公司、地下钱庄、典当等。

在我国，非正规金融组织之所以能够在农村长期存在，是有着深厚的生存土壤和独特的运行机制的。而农村非正规金融组织所具有的优势和高效的履约机制，决定了其可以被用来为农村、农业和农民服务，然而非正规金融本身又不可避免地存在着制度缺陷，这决定了其存在一定的融资和经营风险，这些都可以看做是促使农村非正规金融组织转型而不是打压或消灭的动因。

6.1.1 农村非正规金融组织的优势与履约机制

一般来说，农村非正规金融组织主要有下列优势：

第一，较低的信息搜寻成本。正规金融机构要搜寻和获取分散农户翔实可靠的信息成本很高，而且借贷双方之间存在的信息不对称会导致借款人的机会主义行为，产生贷款前的道德风险和贷款后的逆向选择。而农村非正规金融组织主要依靠人缘、地缘、血缘和亲缘关系，有着特定的信息获取方式和实施机制，这就使得农村非正规金融组织不需要花费信息搜寻成本就能获得有关借款方的信息，如可靠性、收入水平、偿付能力等。

第二，天然的农村市场亲和力。从历史的角度审视，农村非正规金融内生于农村基层社会，是在我国传统文化的内生机制启动下"不知不觉"形成的，是人们适应形势，自发创造出适合自己需求的金融制度和工具，从而具有更强的适应能力和生命力。同时，非正规金融组织借款门槛较低，数额自由，期限和抵押灵活，投向无限制，交易方式较隐秘，对参与者素质要求也不高，符合我国农业发展的资金需要，易为农户所接受。因此，农村非正规金融组织能弥补正规金融在贷款额度、范围、手续等方面的缺陷，有利于增加对农户的资金供给。

第三，灵活多样的抵押担保方式。正规金融机构对贷款抵押或担保一般要求较高，但是农村很多物品可以被农村非正规金融组织用来实现正规金融机构所不能接受的抵押或担保，如房屋、土地使用权、未采摘的林果、活畜等都可以作为抵押。此外，还能将邻里关系、信誉和生意往来当作无形的担保品。

第四，较高的金融资源配置效率。农村非正规金融是否有效关键在于，能否提高农村资金配置和使用效率。如图 6 - 1 所示，横轴用 Q 表示资金供求数量，纵轴用 r 表示利率，资金总供给包括正规金融供给和非正规金融供给，用 S 曲线表示。D_1 和 D_2 分别表示正规金融和非正规金融的需求曲线。正规金融机构利率 r_1 低于均衡利率 r_2。其需求量和供给量分别为 Q_1 和 Q_1^*，则正规金融市场上资金缺口为 $Q_1 - Q_1^*$。非正规金融利率由市场供求决定，其供给量为 Q_2^*。非正规金融弥补了正规金融供给不足，在较小区域内，其资源配置效率较高，并且因其较高的市场利率，加速储蓄向投资的转化，有利于资本形成，提高了资金使用效率。

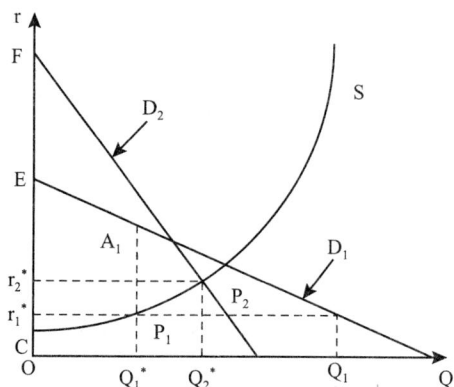

图 6 - 1　农村非正规金融组织的效率和福利

第五，整个社会的福利水平较高。经济学理论认为，生产者剩余是指供给曲线以上与最大产量对应的价格线以下的面积，而消费者剩余是指最大产量对应的价格线以上与需求曲线以下的面积。在图 6 - 1 中，正规金融市场上生产者剩余为 $r_1^* CP_1$，非正规金融市场上生产者剩余为 $r_2^* CP_2$，且 $r_2^* CP_2 > r_1^* CP_1$，大于正规金融市场的生产者剩余。同时，正规金融市场消费者剩余为 $r_1^* P_1 A_1 E$，非正规金融市场上消费者剩余为 $r_2^* P_2 F$，$r_2^* P_2 F > r_1^* P_1 A_1 E$，大于正规金融市场上消费者剩余。因此，非正规金融市场生产者剩余和消费者剩余都比正规金融市场有所增加，总福利水平为 $CP_2 F$ 的面积，而正规金融市场总福利水平为 $CP_1 A_1 E$ 面积，显然 $CP_2 F > CP_1 A_1 E$，因此，非正规金融在既定约束条件下提高了参与者的经济福利，效率增进明显。

同时，农村非正规金融组织普遍具有较高的履约率。夏晓军（2010）对甘肃省庆阳市的调查显示，[1] 该地区农户民间借贷的回收率竟然高达95%。然而令人惊讶的是，高履约率的民间借贷契约却是不完备的，借贷合同条款相当简单，对重要信息如偿还期限、违约责任等基本没有详细的约定。从理论上来说，契约越完备，对借贷双方的约束力就越强，履约率也就越高；反之，契约越不完备，约束力就越弱，履约率也就越低。为何存在高履约率伴随不完备契约的"反常"现象呢？除了受到上述优势的影响，农村非正规金融组织高履约率的实现还在很大程度上得益于高效的履约机制。

一是信息与信任机制。我国农村社会是典型的熟人社会，其明显特点是以个人为中心、在血缘基础上的家族扩展、再按人际交往的远近亲疏继续向外延伸的"圈层结构"（见图6－2），这使得人们之间形成了特殊的信息甄别能力，有利于解决借贷过程中的信息不对称问题。

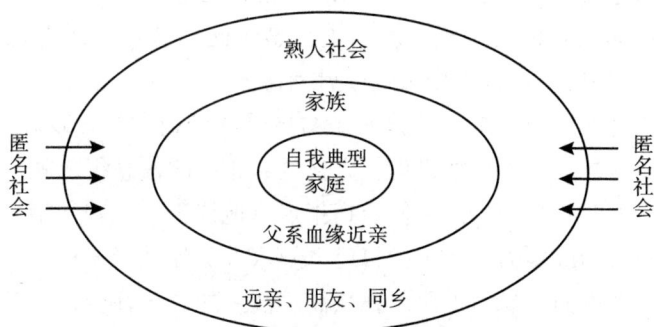

图6－2 我国农村社会圈层结构[2]

信息的对称性为信任机制的建立奠定了基础。我国农村非正规金融组织的信任机制主要基于两条路径产生：（1）亲情信任。这主要依赖于家庭血缘关系而形成的。费孝通（1948）认为，我国农村社会"差序格局"下的家庭和宗族血缘关系能够带来特殊的信任感与安全感，促成农村非正

① 夏晓军. 对庆阳市民间借贷支持县域经济发展情况的调查 ［EB/OL］. 2010 年 12 月 13 日. http：//www. qysw. gov. cn/2010/1213/2711. html.
② 王芳. 我国农村金融需求与农村金融制度：一个理论框架 ［J］. 金融研究，2005（4）：89－97.

规金融的人情借贷。（2）朋友信任。这主要是基于熟人关系形成的。朋友之间的信任有利于约束双方的借贷行为。若借债不还，则关于违约的流言蜚语会广泛传播，借款人因此丢尽颜面，遭受名誉毁损，甚至拖累子孙后代。为了保全自己和家人的良好声誉，延续人际关系，促使借贷双方能够有效地履行契约。

二是重复博弈与声誉机制。假如农村私人借贷是一次性或短期的，人们就可能产生机会主义行为动机，那么私人之间的借贷就不会正常地进行。但在我国农村地区，非正规借贷活动不是孤立的行为，而是与其他活动紧密联系在一起的，也就是说，借贷双方不仅有借贷关系，还可能存在其他的关联，而亲友之间的互帮互助更是决定了彼此之间的借贷活动是重复的和无限期的。由于要经常借贷，双方互不得罪，不然违约成本会很高。而且，守约收益要大于一次性违约收益，这些都促使借款人理性地守约。同时，承诺还款的程度要靠声誉来强化，由此才能保证契约按期实施。声誉的作用机理在于，如果借款人不履约还款，那么贷款人就会终止合作，而且其他人也会拒绝借款给他。鉴于此，借款人便自觉"严于律己"，避免违约以防声誉受损影响今后利益。

三是特有的惩罚机制。借款人违约遭受的惩罚主要体现在三个方面：第一个方面是社会谴责。如果借款人违约，相关的信息很快就会在村子中传播开来，相互熟悉的村民们便会指指点点地议论、讽刺与嘲笑，这种软惩罚具有很大的威慑力。为维护自己以及家人免受谴责，村民一般不轻易违约。第二个方面是暴力手段。在法制不健全的农村社会，以暴力来追债被视为理所当然。所以，当违约发生，借款人的财物可能被强行拿走，甚至人身安全也会遭到威胁。第三个方面是群体惩罚。也就是如果违约，违约者就会经常遭受到周围群体的排挤，无人愿意与之交易，从而失去了生财之道。

6.1.2 农村非正规金融组织的制度缺陷

农村非正规金融组织的存在是一把双刃剑。虽然农村非正规金融组织具有信息和成本等方面的优势，其信息筛选和履约成本很低，但这些优势的发挥受到组织规模和范围的制约。通常在一定范围内，非正规金融组织存在着贷款的规模经济。然而，非正规金融并不总是出现规模经济。随着非正规金融组织的扩张，其交易范围逐渐扩大，当与陌生人打交道时，其所具有的多方面优势等将逐步减少甚至消失。

当贷款规模扩张到点 A 时，非正规金融贷款的边际成本达到最低点，之后便逐渐增加，边际贷款成本曲线呈 U 形（见图 6 - 3）。

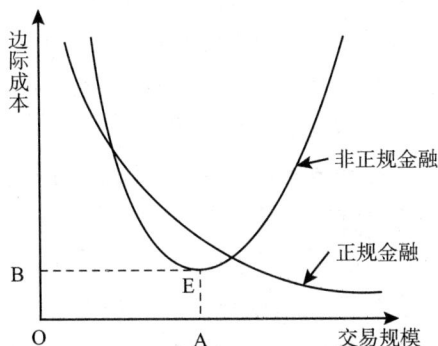

图 6 - 3　非正规金融组织的扩张边界

当然，农村非正规金融在对农村经济发展发挥其优势的同时，也不可避免地存在着一些制度缺陷。具体来说，农村非正规金融组织的制度缺陷主要表现在：

1. 组织形式不规范

农村非正规金融组织规模偏小，职能机构缺乏，基本没有财务管理及审计稽核制度，人员职责分工不明确。由于没有科学完善的管理体系，缺乏国家政策与法律规范的保护，农村非正规金融组织抵御风险的能力很弱。一旦出现风险，相关人员往往相互推诿责任，甚至逃之夭夭。而且，农村非正规金融组织主要依靠农村社区的关系网络维持生存。但是这种农村社区关系网络具有区域性，当资金参与者超出农村社区范围时，就会产生信息不对称问题，引起败德行为，不利于金融资源的优化，面临的风险也无法有效分散。

2. 运行风险较高

农村非正规金融本质上是一种关系型金融行为。其最大特点是自发性和草根性，人格化属性较为明显，这使得其在实际运行过程中承担了较大风险，主要体现在三个方面：其一是信用风险。借助于地缘、血缘和人缘关系，农村非正规金融组织对借贷双方形成较强的信用约束力，有助于解决信息不对称问题，在一定程度上能有效降低信息成本。由于重复借贷机会较多，违约可能性和道德风险相对较低，即使违约，也很容易实施有效惩罚。因此，农村非正规借贷合约具有自我实施的机制，具有正规金融所不可比拟的制度绩效。但随着组织规模和融资规模的逐步扩大，地缘、血缘和人缘关系不断被打破，借贷双方之间除借贷关系再也没有其他关联，重复博弈行为逐渐罕见，信息不对称问题日益严重。一旦违约发生，无法通过感情、声誉等惩罚策略来威慑对方，不仅收不回贷款，甚至有可能出现携款私逃引发金融风险现象。其二是利率风险。高利率是农村非正规金融组织的一个显著特征。由于利率水平比正规金融高，农村非正规金融组织通常能获得较高收益，单纯的逐利行为往往容易忽视背后所隐藏的风险。如果盲目将大量资金投入非正规金融组织，将会引起资金规模加速膨胀，风险不断累积。若资金链发生断裂，则投资者将蒙受严重损失。而且，高利率加大了还本付息的压力和违约的风险。其三是供求结构风险。同产品市场一样，资金供求在时间和空间上的匹配程度也决定着金融资源配置的效率。农村非正规金融组织一般资金来源比较零散和短期化，不敢也无力做中长期投资，且具有一定的市场分割性，导致风险无法有效分散。而农业投资周期长，对中长期资金有着天然的偏好。同时，农村非正规金融组织的活动范围较小，无疑限制了其业务的展开和利润增长空间，一不小心就很可能在业务经营上陷入恶性循环。因此，不合理的资金供求、期限和空间结构往往引发市场风险。

3. 风险承受能力差

受到规模的限制，农村非正规金融组织覆盖面狭窄，资金实力不足，抵抗风险的能力弱。一方面，由于地域分割以及地方保护主义，外部资金难以逾越壁垒进入既定的非正规金融组织，即使是高利率，资金供给量也不会大幅增加。为确保资金安全，资金供给者往往将贷款对象限定在自己比较熟悉的人群或组织，而陌生需求者很难获得资金，由此农村非正规金融组织则毫无外来压力地获取高额垄断利润，但也失去了拓展业务范围和水平、加强风险管理的动力。另一方面，由于缺乏国家信用支撑，当金融市场出现波动时，农村非正规金融组织同样面临挤兑风险。但商业银行却不一样，规模大，有存款准备金和政府作为最后贷款人，商业银行对风险的控制力较强。而农村非正规金融组织并未提取存款准备金和担保赔偿准备金，一是出现风险，往往回旋余地不大，抵御风险能力不足，无法应对赔偿要求，从而造成自身经营风险的加大。

4. 参与主体素质较低

我国农村非正规金融组织发展不规范的一个重要原因是参与者综合素质普遍较低。在落后的农村地区，借贷双方大多数受教育程度低，金融和法律知识严重匮乏，导致农村非正规金融组织出现经营管理不规范和高风险特征，金融诈骗等违法行为屡屡发生。第一，参与者接受正规教育的时间短。由于接受教育少，参与者很难对新生事物做出正确认知和判断，在非正规金融交易过程中容易受到高回报的诱惑，渴望获取更多利益又害怕犯错误，一旦有人从中获利，常常会盲目跟风仿效，导致金融风险的蔓延和金融诈骗的发生。第二，缺乏对金融和法律法规的基本了解。参与者基本上没有进行过系统的金融和法律知识培训，因而几乎不懂金融交易规则和技巧，不会识别和防范金融风险，所以风险一旦发生便很容易中招。第三，参与主体法律意识比较淡薄。由于缺乏法律意识，当受到不法分子欺骗而蒙受损失时，部分参与者常常会通过违法手段和极端方式来解决纠纷，甚至还会出现雇佣黑恶势力团伙追讨债权，严重危害了农村金融市场的正常运行和健康发展。

5. 法治环境欠佳

在经济转型的关键时期，农村金融没有明确的法律定位，其受重视程度距离发达国家相去甚远。从我国非正规金融的有关法律法规看，政府一直视非正规金融为正规金融的对立面，一些农村非正规金融活动甚至被限制或是禁止，缺乏法律的监管与保护，如农村非正规金融组织存在产权制度不清晰，法律对相关私人财产权确认和保护存在空白，民间信用难以通过法律来保证等，经营这类金融业务会面临很大的制度风险。一方面农村非正规金融的组织形式多变，极易与"非法金融"相混淆，需要得到法律认可；另一方面农村非正规金融自发于民间，各类投机分子极易从中渔利。

由此看来，目前政府采取打压和取缔农村非正规金融组织的方法都是不可取的。政府应该创造适当的条件，促使农村非正规金融组织朝着有利于农村经济发展的方向转型。

6.2 农村非正规金融组织转型的条件

首先，转型的内在条件是农村非正规金融组织的逐利动机。农村非正规金融组织的制度缺陷决定了其盈利能力难以长久。若政府适当调整政策进行引导，则可以为农村非正规金融组织走向正规化提供外在的条件和环境，但这并不是决定性因素，还需要农村非正规金融组织自身主动选择转型。反观农村非正规金融组织现有的处境，由于缺乏合法地位，经营活动比较隐蔽，而逃避官方打击和保障合约实施，则会给其带来较大的运营和履约成本。如果正规化能够给其带来收益且收益高于现有水平，则农村非正规金融组织就会主动要求转型。一旦国家政策允许，则无疑为农村非正规金融的转型提供了新的机会。若正规化可以给非正规金融组织带来盈利机会，并最大限度地降低成本，则相关参与主体便有动力推动非正规金融组织正规化。

其次，转型的外部条件是经济形势变化和地方政府竞争。政府部门对待非正规金融正规化问题是受到这两个因素影响的。如果金融体制扭曲已不适应经济发展的需要，宏观经济环境发生变化的话，如出现城乡差距持续拉大、流动性泛滥等，那么在我国已经进入"统筹城乡发展、工业反哺农业"的新阶段，政府部门应该对非正规金融组织及活动进行因势引导，并随着相关支持民间资本文件的出台，促使大量农村非正规金融组织尽快转型。同时，地方政府间的竞争也推动着农村非正规金融组织的转型。自1994年以来，地方政府为增加财政收入和提高就业水平，不得不大力支持民营经济的发展，这使得非正规金融也有了成长的机会，因为其可以为民营经济发展提供所需的资金。当然，在非正规金融发展过程中，各级地方政府扮演的角色可能各不相同，有的对之不闻不问，有的提供产权保护，还有的想通过讨价还价来争取成为非正规金融转型的首批试点。无论哪种情况，终究表明了地方政府有能力也有动力去推动非正规金融的正规化。

最后，非正式制度是促使农村非正规金融得以顺利转型的又一关键条件。非正规金融又称为非正式金融，这说明农村非正规金融组织依赖于非正式制度而产生。假如没有非正式制度，农村非正规金融组织转型则无从谈起。在我国，人际社会关系网络是非正式制度的一种表现形式，具有生产性，代表借以获取收益的能力，不仅能为拥有者带来一定的收入，而且还能建立起独特的信息搜集与甄别机制，有助于克服借贷过程的信息不对称问题，有效防止道德风险和逆向选择的出现。同时，非制度信任有时比制度信任更具稳定性，从而解决了农户抵押贷款难题。为了说明非正式制度对农村非正规金融组织转型的内生影响，本书借鉴霍夫和斯蒂格利茨（1997）的模型并对之做了相应调整，以有利于分析与解释相关问题。

1. 基本假设

假设存在一个无限期模型。放贷者需支付监督成本 e，以保证正常履约。若不违约，则借款者可得收益 $u^r(z, i) > 0$，其中 z 为借贷规模，利率为 i。若违约，则借款者所得收益必受制于借贷规模 z、履约监督成本 e 及违约损失。假设借款者违约躲债的代价与监督成本相等。同时，因借款者违约而遭受声誉等的不确定损失，假设这些损失的总贴现值为 l，则借款者违约净收益为：$\{u^d(z, i) - e - l\}$，$u^d > u^r$。假设 $\partial(u^d - u^r)/\partial z \geq 0$，$\partial(u^d - u^r)/\partial i \geq 0$，则规模 z 和借款利率 i 越大，违约收益就越大。

为规避风险，非正规金融市场上的理性放贷者必会将全部财产分成两块，一部分进行非正规放贷以牟取利益，另一部分则用于其他投资或交易。设总资产为 K，其他投资的收益函数为 $F(\cdot)$。放贷者可以进行 m 次非正规放贷，若没有监督成本 e，则放贷者在该市场中放贷一定会比只进行其他投资更有利可图，即：$[mz(i)i + F(K - mz)] - e > F(K)$，此时 i 成为放贷收益的来源。

若只借一期，借款者可能不顾声誉，则声誉机制就达不到约束借款者的效果，此时监督成本会很高，导致放贷无利可图，对于任意 i，有 $[mz(i)i + F(K - mz)] - e < F(K)$。所以只有进行多期借贷，或者双方都无法确定未来借贷的期数时，借贷关系才会维持下去。

根据借款者在本期是否违约，放贷者会决定是否继续借贷。假设放贷者离开市场的概率为 b。若借款者违约，则不可能从原有放贷者那里继续获得借款，他就必须花时间去结识其他放贷者，且在这期间无法进行任何类似的借贷，此时效用为 0。若出现违约，不知情的人可能愿意借款给他的概率为 π。

2. 模型推导与解释

在前述假设下，若借贷者从不违约，则所获总期望效用的现值为：

$$W^r = u^r + \beta(1-b)W^r + \beta^2 bW^r$$

其中，u^r 是当期收益，$\beta(1-b)W^r$ 是放贷者继续放贷而使借款者所得收益的现值，$\beta^2 bW^r$ 是下一期因放贷者退出市场导致借款者寻找其他放贷者时所得收益现值。β 是贴现系数。

假设曾经违约但被原谅的借款者（以后保证不违约）的总期望效用现值为：

$$W^d = \beta\pi W^r + \beta(1-\pi)W^d$$

其中，$\beta\pi W^r$ 是下期找到其他放贷者的收益现值，$\beta(1-\pi)W^d$ 是下期未找到新放贷者的违约净收益现值。若希望借款者的最优决策是守约，则必须满足的条件是：

$$W^r \geq u^d - e - l + \beta W^d$$

对于有着良好还贷记录的借款者来说，当 $\gamma = \dfrac{\pi}{1-\beta(1-\pi)}$ 时，有：

$$e + l \geq u^d(z, i) - \beta u^r \left\{ \frac{1-b+\beta(b-\gamma)}{1-\beta[1-b+b\beta]} \right\} = e^*$$

则借款者在本期最优决策仍是不违约。其中 e^* 受到 z、i、b、β、P 等因素的影响，当确定 e^* 后，要使借款者守约，e 和 l 之和就必须大于 e^*。由此，e 和 l 之间就具有此长彼消的替代关系，若 l 大，e 就小；反之，e 较大。

e 和 l 之间的关系说明：若亲友、近邻等关系密切的人之间有借贷活动，未来借贷双方再次合作的可能性会很大。若违约，则借款人未来损失将会很严重，今后会因为失信于人而蒙受更大的损失。这种隐性约束的存在使得放贷者不需太多监督成本（e 很小），就能促使借款者守约。反之，若借贷活动发生在陌生人之间，则双方未来合作的可能性很小，借款者认为违约不会带来太大的损失，从而容易产生违约行为。而理性放贷者也会预计到这一点，为防止借款人违约行为的发生，常会花费较大的监督成本。因此，农村非正规金融组织的这种"关系型融资"，将借贷双方的私人关系与正常的监督成本联系在一起，成为维持非正规金融有效运行的关键。

若能将非正式制度运用于农村金融活动，则农村非正规金融更可能稳健地转型为正规金融，且更易为农户所接受。当农村非正规金融转型为正规金融后，非正式制度可以被加以利用，如选用本土化的信贷员，由于其身处于农村地区人际关系网络中，既能获取借款农户的真实信息，也有利于掌握农户的信贷需求状况。当借款农户超出熟人圈子时，金融组织则可通过信贷员的"走街串乡"来对借款农户的情况进行上门调查、审核，以获取借款户是否满足借款条件、是否具备还款能力等信息，从而促进农村金融活动的顺利进行，而非正式制度特有的调节方式也有助于民间信贷纠纷的解决，减少金融风险。

6.3 农村非正规金融组织转型的路径

农村非正规金融的存在和发展具有明显的两面性，我们绝不能简单地肯定或否定甚至取缔它，而应当赋予非正规金融组织以合法地位，促使其从"地下"走到"地上"，并对其加以金融监管，使其能充分发挥其显著优势，更好地为农村经济发展服务。

6.3.1 农村非正规金融组织转型所需的制度安排

诱致性制度变迁并不排斥强制性制度变迁。诱致性制度变迁并不能提供市场经济运行的所有制度供给。通常，相对于正规金融机构来说，由于农村非正规金融的组织化和规范化程度较低，而且处于金融监管之外。因此，要实现农村非正规金融组织的转型，既要提高其组织化程度，又要实现其规范化，并将之纳入金融监管范畴。

1. 提高农村非正规金融的组织化水平

长期以来，除少数私人钱庄外，大多数农村非正规金融的活动都是分散的，个人意志高于集体观念，组织化和市场化程度很低，自身缺乏风险意识，管理能力和风险控制能力相对较弱，自有资金比例低，长短期贷款结构不合理，容易陷入流动性危机，甚至造成系统崩溃。农村非正规金融的低水平组织经常导致借贷双方交易过程中耗费的信息和时间成本偏高，不利于资金使用效率的提高。而组织化的信贷机构则可以将分散资金聚集起来，集中放贷，降低交易成本，并置身于市场经济，提高组织整体的竞争能力，以金融组织的产品和服务来满足客户的需求。

第一，吸收更多民间资金，壮大金融组织实力。一方面吸收广大农户的存款资金，特别是农业生产中闲散的资金，作为农村非正规金融组织转型所需的重要资金来源。另一方面，可以采取吸收当地农户入股的形式，同时吸纳农户为农村金融组织会员，使其参与信贷决策，拥有对金融机构的管理权，并且凭借所持股份分享营业利润。此外，还可以采取业务宣传和入股优惠等措施，广泛吸收民间资本入股，增加农村非正规金融组织的资金储备水平。

第二，加强内部结构治理，提升经营管理水平。因农村非正规金融组织不能阳光经营，常不设办公机构，甚至不雇佣人员，由放贷人一人做主，且处于金融监管之外，逃避了税收环节。因此，农村非正规金融组织的规范化发展需要内部治理结构的完善。在内部管理制度方面，应尽快制定公司章程、财务管理制度和预算管理文件等。同时，通过查询个人征信系统，分析判断客户信用状况，尝试保存客户的影音资料，以加强贷款风险管理。贷款产品设计要以短期、小额为主，以分散风险并提高资金流动性，坚持贷款收益与风险正相关，还要加强对贷款之后的动态监测。

第三，强化专业知识和法律知识培训，培育金融从业人才。一是加强业务和法规培训。加强会计、信贷等业务知识的培训可以提升员工的业务技能和素质，提升经营管理水平。而法律法规的学习则会培养员工依法经营的意识，有效防范操作风险和道德风险。二是完善人员准入机制。要明确规定各类员工任职条件，可以放宽对学历条件的要求，但应对从业经验和道德品质从严要求。三是建立人才储备和引进机制。鼓励优秀毕业生到农村新型金融组织工作，对于优秀在校学生发放助学贷款，引导他们服务"三农"；进行校企合作和人才订单培养，建立人才储备库。

2. 促进农村非正规金融的规范化

第一，明确建立农村非正规金融组织的产权制度。通过法律明确投资者的财产所有权、支配权、监督权等，使之成为真正的股东，并按照利润最大化、风险最小化等原则行事；同时防范行政部门侵占农村非正规金融组织的产权。应该做到：一是允许个人以合法财产参股，并按其股权大小享有选举权、监督权、收益分配权以及剩余财产处置权等；二是严格控制企业法人持股比例，避免将农村非正规金融组织成为其"圈钱"的工具，或成为非法经营洗钱的工具；三是杜绝政府机构进入农村非正规金融组织。正是因为政府的过度干预，导致农村基金会的衰败，对此应该引以为鉴。

第二，确立农村非正规金融组织的合法地位。农村非正规金融组织所拥有的优势和高效的履约机制表明，它可以被用来为农村经济发展服务。然而，农村非正规金融组织至今在我国仍没有取得合法地位，这不仅使得其权益得不到法律保护，不利于非正规金融的良性发展，同时其地下经营状态也更易引发金融风险。事实上，并非只有正规金融才能服务于农村，若农村非正规金融组织能够被给予合法的活动平台，通过法律的形式对非正规借贷的形式、利率水平、合约的规定等加以明确，为大量的民间资本、地下钱庄转化为产业资本提供合法渠道，真正让非正规金融走到阳光当中，那么，我国农业现代化将能够获得更多金融资源的支持。因此，政府应尽快完善相关金融立法，给予非正规金融组织平等参与市场竞争的机会，扩大支持农村和农业发展的金融覆盖面。

第三，将农村非正规金融组织纳入金融监管体系。鉴于金融业的高风险性，必须将农村非正规金融纳入监管体系，以规范运行、趋利避害，促使其发挥良好的作用。首先，建立非正规金融的市场准入和退出制度。适当放宽农村金融市场准入门槛，激励非正规金融组织参与竞争，并加快制定《非正规金融管理条例》和《社区投资法》，规范和调整非正规金融组织及其行为，弥补非正规金融管理方面的"真空"，引导非正规金融开展小额信贷业务，提高农村金融资源的配置效率。其次，建立存款保险制度。通过财政支持，吸收非正规金融组织联合建立存款保险公司或者风险担保基金公司，有助于增强非正规金融组织的信用，保证存款的来源，分散经营风险，为农业现代化提供充分足够的金融资源。最后，建设征信体系。对于企业和个人的信息和信用，要在全国范围内建立起统一的信息数据库，同时要加强征信市场的监督管理，积极发展专业化征信机构，抓紧制订信用服务行业标准，推动信息共享。最后，建立内部控制机制和风险防范机制等，解决非正规金融组织的内部监督问题。

6.3.2 农村非正规金融组织的转型模式

在一定意义上，金融制度变迁本身就是从非正规金融逐步向正规金融制度演化的过程。目前我国农业生产的特点使得现有正规金融无论怎样发展，也不可能全面覆盖农业的金融需求，所以，应对农村非正规金融转型模式进行创新，充分发挥其在信息和成本等方面的优势，克服其劣势，满足农村经济主体多样化、多层次的资金需求。

模式一，农村互助合作金融模式。因形成于传统的"熟人社会"，能有效克服信息不对称问题，降低交易费用，因此，一部分农村非正规金融组织可利用地缘、血缘和业缘关系，选择向农村互助合作金融转型。事实上，该模式具有极低的准入门槛，且能调动农村零散资金。若在经济落后农村地区推广，则其成本非常低，经营规模小的农村经济主体的融资需求很容易得到满足，从而有助于提供非正规金融所需的规范化途径。目前，在我国比较适用的互助合作金融模式是农村互助合作社。对此，政府应该允许并引导基层农民自发进行制度试验，推动该模式的尽快发展。

模式二，"小额贷款公司—民营中小银行"模式。与互助合作金融模式相比，政府提高了这种模式的准入要求，其适合于金融运营经验较为丰富的非正规组织，设立的地理区位适宜较大规模的村庄或乡镇。目前，那些已经摸索出独特经验的小额信贷公司可以保持其组织形态。但是部分小额贷款公司的身份未界定清楚，缺乏资金来源和经验，相关税费偏高。在已成立的5500多家小额贷款公司中，部分小额贷款公司尤其是发达地区的小额贷款公司已呈现出明显的城市化偏好。需要提醒的是，小贷公司并非最终模式，当具备一定条件时，可以选择转型为民营中小银行。

模式三，"村镇银行+地区性中小银行"模式。从实践经验中可以发现，村镇银行一般属于股份制组织，商业化特征较明显，具有较高的进入门槛，受到政府监管。该模式灵活性较强，能将规模经济和网络优势结合起来，享受正规金融机构的待遇。然而，相关政策规定，村镇银行必须由正规商业银行发起，而不能由非正规金融组织发起。在那些地理位置比较重要或者自然资源比较丰富的县域，该模式比较适合推广。

模式四，"农村合作银行或农村商业银行"模式。当农村非正规金融组织满足建立银行的所有条件且具有特殊资源关系时，可以选择向"农村合作银行或农村商业银行"模式转型。该模式进入门槛极高，其商业化程度也比较高。但是规模经济优势显著、交易费用较低，能享受正规金融机构的优惠。从理性角度来说，农村非正规金融组织应该先与农信社联合发起设立，或参股农村合作银行或农村商业银行。目前该模式在很多农村地区都有了相应试点。

因此，在转型模式选择上，农村非正规金融组织应结合自身特点，但要注意可行性。值得一提的是，选择转型模式不应是政府行为，而应是自主性行为，特别不能有强制转型。政府的作用应该是提供良好的政策环境，并做好监管工作。

6.4 农村非正规金融组织转型的经验分析

针对上述转型模式，本书主要就其中部分农村非正规金融组织转型模式以江苏地区的现有经验进行相应分析，以便从中得出启示及意义。

1. 小额贷款公司的江苏模式

（1）模式运作背景。农村小额贷款公司是不吸收社会公众存款，而是依托民间资金，以服务"三农"，支持农村经济发展为重点，为农户提供小额贷款的机构。随着我国金融体制改革的不断推进，2005 年中央政府放宽了农村金融市场的准入门槛。2008 年 5 月央行和银监会出台了《关于小额贷款公司试点的指导意见》，将小额贷款公司的试点权限下放给地方政府，此后各地纷纷成立小额贷款公司。2007 年 11 月，江苏省政府在全国率先出台了省级政府关于全面开展小额贷款公司的试点工作意见，并把江苏小额贷款公司的性质定位为农村小贷公司，将首批试点放在全省 18个县（市）进行。2008 年 7 月江苏省首家由民间资本发起组建的丹阳市天工惠农农村小额贷款有限公司成立。

到 2011 年 6 月 30 日，江苏省 115 个县（市、区）和经济开发区获准试点，涉及 13 个地区市，有 303 家农村小贷公司获准开业，基本都设在乡镇或涉农街道，将信贷业务向周边延伸，覆盖全省三分之一的乡镇，"引导工业资金支农、引导城市资金下乡、引导企业家履行社会责任"的试点效果基本可以达到。据统计，江苏省农村小贷公司注册资本金 482 亿元，实收资本 473 亿元；贷款余额 652 亿元，累计发放贷款超过 1500 亿元；有 5 万多客户，累计支持达 9 万多户，其中农户、个体工商户和县域中小企业占 90% 以上，过去有近 70% 客户从未获得贷款。历经三年多的发展，江苏省农村小额信贷公司的创建激发了农村金融机构的竞争活力和发展动力，缓解了农村金融供给和有效竞争不足的矛盾，其专业服务"三农"的发展路径值得借鉴。

（2）运作特征。第一，服务对象定位于"三农"。江苏省在小贷公司前冠以"农村"二字、并要求坚持其发展定位于服务"三农"，其营业场所必须靠近"三农"，因此必须在乡镇设立。支农信贷资金在试点机构的比例不得低于 80%；大额放贷必须严格控制，单户最高贷款余额不超过本金 10%，小贷余额之和占比不低于 70%。这样的制度设计，确保了江苏小贷公司真正服务"三农"、服务县域小企业，成为江苏农村金融发展的一支有生力量，对城乡统筹发展起到支持作用。江苏农村经济相对发达，不仅没有影响小贷公司的业务拓展，反而使社会方方面面更能理解和接受小贷公司，更有可能出台相关政策扶持小贷公司。[①]

第二，资金来源于民间资本。农村小贷公司投资必须以社会招标方式进行，要吸引有资金实力和责任感的企业家或企业来投资。江苏农村小贷公司股东都是一些优秀的骨干企业。截至 2010 年底，江苏省内 56 家中国民营 500 强企业中，已有 27 家企业投资小贷公司。很多民营企业都以投资小贷公司为荣，特别是在苏南地区，只有实力强、影响大的企业才可能在小贷公司竞标中胜出。

第三，经营队伍业务专业化。根据相关资料统计，在江苏农村小贷公司，总经理 90% 以上和员工 40% 以上有在银行或农信社的工作经历，文化程度在大专以上的人员比例超过 80%，本地员工比例超过 95%。完善内部培训制度，让老员工和老金融发挥"传、帮、带"作用。比如，江宁

---

① 王峰. 小额贷款公司的"江苏模式"［N］. 金融时报，2010 年 12 月 29 日. http：//www. cs. com. cn/xwzx/07/201012/t20101229_2727213. html.

日升隆小贷公司为对新员工进行培训，专门编印了 10 万字左右的《员工培训提纲》，并安排专人指导，对业务知识定期进行培训和考试。

第四，小额信贷经营优势突出。农村小贷公司利用"灵活、快捷、方便"优势，开辟在农村金融市场的生存空间。比如，泰州三泰小贷公司利用分次还款方式来销售农用车，对客户提供方便。在经营效率上，小贷公司公开承诺"随时接单，两天审结，三天放贷"。比如，金湖小贷公司从受理申请到放贷一般 3 天，基本做到当天完成调查、审贷和发放工作。

第五，监管体系层次分明、管理到位。明确监督管理制度如招投标、岗前培训、风险控制、终止退出等，举办培训班 29 期，参与员工近 1700 名；政府部门各司其职，积极分头行动，制定相关方案或办法，还成立了金农信息股份有限公司，负责研发小贷公司业务系统，并进一步开发监管系统。

第六，政府支持力度很大。加大政策支持措施，拓宽小贷公司资金来源，如给予资本金补贴、税收优惠、风险补偿等。加强金融机构之间的合作，探索统直贷、信托发债、资产打包转让、保险代理等多种模式，并针对头寸调剂开发现金池管理系统。目前，提供授信贷款 86.7 亿元，用于支持农村小贷公司 100 多家，还与国家开发银行结成战略合作联盟，国家开发银行承诺在未来 5 年内提供授信贷款 100 亿元。

（3）经验启示。首先，非正规金融转型得益于合法性问题的解决。政府政策偏好的变化，不仅为农村非正规金融的合法化提供了机会，也在某种程度上降低了农村非正规金融嬗变的成本。由于非正规金融转型后在法律上具有合法性，也降低了其借贷合约的执行成本，有利于低成本地维护其财产权。显然，江苏小额贷款公司正是遵循上述逻辑将社会资本从民间金融转向合法化金融机构。尽管内在的逐利动机是农村非正规金融嬗变的根本动因，但因服务农村和农民带有很强的公益性特征，有利于小额贷款公司扩大其业务范围，有效提高了农村金融竞争活力、发展动力和社会影响力，缓解了农村金融主体少、有效竞争不足的矛盾，引导了民间借贷理性发展，有效遏制了高利贷行为。

其次，充分发挥了非正规金融的优势，扩大了信贷抵押和担保范围。农民贷款的最大难题是缺乏抵押或担保。对此，江苏天工惠农不仅推行农户联保等形式，同时还与工商部门合作，进行抵押担保创新，允许农户以农产品或固定资产抵押，并按估计价值的 30% ~ 50% 放贷。

最后，小额信贷公司的成立，为民间资本提供了理性发展的渠道。小额贷款可持续发展的关键是实行商业运作。正如茅于轼先生强调的那样，小额贷款和救济不同，它是需要赚钱的，不赚钱就不可能持续下去。与很难推广的慈善性活动不同，商业性活动可以使民间资本能够获利，所以才能够吸引大量的民间资本服务"三农"。事实上，扶贫应该转化成一种生产力，而不是消耗资金，要让利润持续地滚动起来，才能为社会服务。

2. 江苏沭阳东吴村镇银行

江苏沭阳东吴村镇银行于 2008 年 3 月挂牌成立，由东吴农商行和四家企业发起，注册资本 1500 万元。其中东吴农商行入股股本金为 900 万元，股份占 60%，其余苏州工业园区新海宜电信公司、大江木业有限公司、恒通客运集团、沭阳沃尔德公司四家参股的股本均为 150 万元，股份各占 10%。

村镇银行以商业化经营为原则，本质上与其他银行的区别并不大。主要在村镇设立，主要为当地"三农"提供金融服务。这使得村镇银行具有一定的特殊制度设计。

一是设立方式与条件。可由境内外金融机构、法人或自然人出资，以发起方式设立村镇银行，发起人须有境内银行 1 家以上。但注册资本的多少依据所处的区域来确定，而且需要以货币资金形式筹集。若在乡镇设立，注册资本至少要人民币 100 万元；而在县市设立的，则至少 300 万元人民币。村镇比一般银行业的设立门槛要低。

二是股权设置和股东资格。按照《中华人民共和国公司法》设置村镇银行的股权。其中，最大股东须是银行类金融机构且持股比例至少要占 20%；单个股东持股比例不得超过 10%；若持有股本总额以上，则应事先报批监管部门。

三是经营管理。村镇银行业务范围广，堪称"全能银行"。在贷款业务的服务对象上，村镇银行的可贷资金应全部用于当地农村。首先应充分支农，剩余才可投放非农产业。应根据业务发展状况，合理确定授信额度。

四是风险控制及监管。主要是建立资产分类制度、资本补充和约束机制、内部控制制度及内部审计机制，以提高风险识别和防范能力，确保依法合法经营，并依法接受金融监管。

在我国农村非正规金融转型中，村镇银行的意义是非常积极的：一是改变农村金融机构经营低效和信贷受惠面狭窄的状况，有利于打破其垄断局面，扩大了农村资金资源，促进农村金融市场的竞争。二是填补正规金融服务空白，缓解资金供给不足的矛盾。由于投资的多元化，经营的灵活性和服务的高效性，设立村镇银行必将显著增加支农资金供给，满足农民对资金的需求。三是给予民间资本以"同等国民待遇"，扩大了农村非正规金融组织的资金来源，提高其规模化程度，从而有助于进行规范和监管。四是为农村金融改革找到突破口，为政府监管和科学决策提供实践经验方面的参考。总的来说，村镇银行以民间资本为起点，它的诞生为原本单一、缺乏生机的农村金融注入了新的活力，是对我国农村金融体制改革的重大突破。

虽然本书考察的只是农村非正规金融转型的两种模式，但可以看出，农村非正规金融组织的正规化和合法化转型，不仅能够充分发挥非正规金融的优势，还可以借助正规金融的合法性和经验，来解决农村经济主体贷款难问题，有效增加了农村金融供给，为农业现代化进程的加快提供了更多的资金支持。

6.5　本章小结

当前，单纯依靠现有正规金融体系难以满足农业现代化日益增长的资金需求。在我国，非正规金融组织有着深厚的生存土壤和独特的运行机制，所以才能长期存在。农村非正规金融组织所具有的优势和高效的履约机制，决定了其可以被用来为农村经济发展和农民增收服务。但农村非正规金融组织的存在是一把"双刃剑"，其优势的发挥受到组织规模和范围的制约。通常，在一定范围内，随着组织规模、客户数量以及贷款规模的扩张，金融组织的边际成本不断降低，此时放贷可以获得规模经济。然而，当超出一定规模，与陌生人打交道时，非正规金融所具有的多方面优势将逐步减少。农村非正规金融组织存在着一些制度缺陷主要有：组织形式不规范、运行风险较高、风险承受能力差、参与主体素质较低、法治环境欠佳等。这些都可以被看做是促使农村非正规金融组织转型而不是一味地打压或消灭的动因。因此，我们应该创造适当的条件，促使农村非正规金融组织朝着有利于农村经济发展的方向转型。而对利益的追逐则是农村非正规金融组织得以转型的内在条件，宏观经济形势的变动和地方政府间的竞争为非正规金融的正规化提供了外在的契机和实践，非正式制度则是农村非正规金融组织稳健转型的又一关键条件。

如何更好地实现农村非正规金融组织的转型，本书认为，在制度安排上，既要提高其组织化程度，又要加强其规范化程度，并将之纳入金融监管范畴。在农村非正规金融组织的转型模式上，可以创新并发展农村互助合作金融模式、"小额贷款公司－民营中小银行"模式等。对于农村非正规金融组织的多种转型模式，本书主要就其中部分模式以江苏地区的现有经验进行相应分析，并从中得出了启示及意义。总之，对于农村非正规金融，我们绝不能简单地肯定或否定甚至取缔它，而应当以政府为主导，围绕"三农"的金融服务需求，赋予非正规金融组织合法地位，并将其纳入金融监管体系，完善非正规金融并充分发挥其显著优势，以满足那些被正规金融排斥在外的需求者的需要。可以根据我国实情，构建农村非正规金融的转型模式，使之更好地为农村经济发展服务。

第7章　政府对农村金融的支持

在我国经济和金融发展过程中，需要重新认识和定位政府与市场的关系，也就是在现阶段，如何在资源配置中发挥市场的决定性作用及如何更好地发挥政府的作用。本章主要基于政府与市场的关系，对政府在农村金融市场中的角色进行解释，并借鉴国外相关经验，探索我国政府在农村金融改革中的功能定位和支持方式。

7.1　政府与市场的关系

关于政府与市场的关系，需要追溯以往主流经济理论的演变与争论。以新古典经济学框架为核心的主流范式中，政府常常被界定为"守夜人"，即市场只要正常运行，就不需要政府的介入，不然就是多余或有害的。这说明政府的角色应该是矫正市场失灵、拾漏补遗，从而最小化政府的作用。麦金农—肖学派等认为，政府应该减少对金融的干预，支持竞争性金融体系的培育，引进非国有的或非银行的金融机构，使市场在资源配置中发挥作用，这不仅有利于金融业的技术进步，也有利于投资质量的提高。

既然如此，在我国农村金融改革中，政府与市场的关系究竟怎样呢？政府行为的有效性边界到底在哪里呢？下面本书将重点进行描述。

图7-1表示政府与市场组合的情况，等产量曲线 P 分成三段 AB、BC 和 CD。若政府与市场的作用互补，则用 AB 和 CD 两条曲线段表示，其中，政府对市场的补充呈递减趋势的用 AB 段表示，而政府对市场的补充呈递增趋势的用 CD 段表示。也就是说，当产出相等时，在 AB 段，政府作用随着市场作用增强而增强的趋势在减弱，两者共同作用净收益小于市

场单独作用净收益,此时应当减少政府干预;在 CD 段,政府作用随着市场作用增强而增强的趋势在强化,而且两者共同作用净收益大于市场单独作用净收益,此时应发挥政府的补充作用。那么,政府的补充作用到底定在何处才是最佳的呢?这就是政府与市场的有效性作用边界问题。实际上,从前述分析可以看出,如果两者共同作用的净收益等于市场单独作用净收益,那么政府与市场的有效性边界就可以确定了。除 AB 和 CD 线段表示补充关系外,BC 线段表示政府与市场的替代关系,且市场是经济活动的主导力量。当然,可用多种方式表示政府与市场的替代关系,由此政府与市场的有效性边界是以成本最低的方式来确定的。假设等成本线 MN 表示固定不变的交易成本,当等成本线 MN 与等产量线 P 相切时,政府与市场作用的交易成本最低,而切点 E 即为有效性作用边界,也就是政府与市场的最优组合点,此时效益最大。

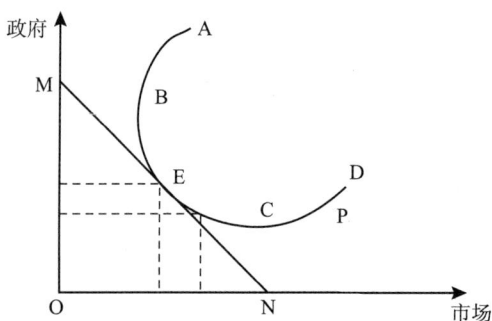

图 7-1 政府与市场的关系与边界

然而,探讨政府在经济发展中的作用,不能以静止的观点一言以蔽之,而必须从动态的视角即在社会发展过程中认识市场经济的基本特征,由此才能进一步正确处理政府与市场的关系。市场经济具有二重性质:一方面,人的社会关系转化为物的社会关系,人的能力转化为物的能力,从而形成物的依赖关系或物的限制;另一方面,物的依赖关系为人的依赖关系造成了普遍的社会基础,从而使人的依赖关系成为一种普遍的社会关系。基于市场经济的二重性质,不难理解政府是市场经济的"助产婆"。如果没有中央集权政府的强力推进,市场经济是难以自发形成的。在古罗马,商人资本、货币资本和高利贷资本已经在古代形式上发展到了最高点，却没有自发地形成市场经济。而在中国的农业社会，曾有几个朝代的商人资本和货币资本的发展水平并不低于古罗马，却也没有自发地形成市场经济。换一个角度看，在市场经济的发展过程中，无论是自发形成的市场秩序，还是有意设计的市场秩序，最终都必须通过政府以法律的形式强制推行，而任何一个市场主体都没有能力做到这点。①

当然，界定市场在经济发展中的决定作用，绝非否定和弱化政府的作用。在现代化进程中，市场和政府的作用同样重要，相辅相成，只不过两者作用范围和内涵不一样，依据的行动逻辑也不相同。目前，我国市场仍处于发育期，政府必须能行使宏观调控的职能，来解决市场失灵问题，并要培育市场；同时，政府培育市场的方式、手段要符合市场经济体制的规律规划，否则容易遭到"政府过度干预"的经典理论批评。因此，本书认为，政府应将其功能重点定位在培育市场和创造公平竞争的环境。

7.2 农村金融市场中的政府功能定位

7.2.1 政府功能定位所考虑的因素

在我国，政府与市场的关系理论已被应用于各种问题的研究。目前，我国农村金融市场发展很不完善，单靠市场本身很难形成有效的机制。市场不完善主要体现为市场失灵，即存在垄断或不完全竞争、信息不完全和不对称、公共品特性、外部性等现象。斯蒂格利茨认为，金融市场是非完全竞争的，金融信息具有公共品和外部效应特征。② 第一，金融信息具有公共品性质。金融机构的资产负债、现金流量、盈利能力等信息对于投资者、债权人的意义都很大，非竞争性与非排他性都非常明显，显然具有公共品特征。如果依赖私人部门提供这些公共品性质的金融信息显然缺乏效率，所以只能由政府来提供。第二，金融信息作为公共品具有自然垄断

---

① 方兴起. 政府与市场关系的动态分析 [J]. 学术研究，2014（4）：73 – 78.
② R. J. Arnott & J. E. Stiglitz. Externalities in Economies with Imperfect Information and Incomplete Market [J]. Quarterly Journal of Economics, May, 1986.

性。私人若来提供金融信息，则可能为了追求利润而会偏离信息提供的初始目标，对此，政府可以进行监管和制度设计来解决，另外，还需要信息监督和披露。

我国农村金融市场中还存在一定的外部性。比如，金融机构通过审阅与分析企业财务报表来决定是否对该企业贷款，其实就已经将有价值的信息传达给其他金融机构了，而其他金融机构则可以无偿地获得，这就产生了正的外部性。再比如，如果金融机构出现危机，政府部门和其他金融机构可能会注资解救，导致金融机构的社会成本增加，从而产生负的外部性。目前，农村生产和投资行为的高度分散性，农村金融供给和需求的双重不足，加上信用体系尚未建立，借款人的信用记录没有登记入册，借贷双方信息不对称十分严重，导致农村金融市场存在很多迫切需要解决的问题；而农村金融机构的分布比较零散，农村经济主体无法进行自由选择，造成农村金融市场的自然垄断性。因此，政府有必要为纠正市场失灵和促进市场竞争而担负适当的角色。

同时从历史的角度来看，在工业化 "赶超战略" 和农业弱质性等原因下，政府对农村金融的作用几乎是失灵或失效的，主要体现在：一是未能弥补市场失灵，也就是未能有效配置农村金融资源，市场对企业缺乏有效约束；二是在利益集团等因素的影响下，政府对金融制度改革与创新缺乏有效性，抑制着农村金融市场的完善。随着我国农村经济市场化程度日益加深，金融内生性成长的条件逐步具备，而外生性金融成长模式是在政府主导下形成的，已暴露出一系列弊端，与农村经济发展不相适应。因此，需要政府从农村金融微观领域退出，以提高金融机构经营效率，进一步推动农村经济发展。反之，农村金融市场竞争的目的是为了提高资源配置的效率和农村经济主体的竞争实力。但市场调节过度也会造成农村资金的非农化问题，拉大城乡、工农之间的差距。所以说，需要政府对农村经济和农村金融活动进行有效监管，而绝不是对经济和金融活动进行干预。

另外，合理确定政府在农村金融市场中的角色，还必须考虑我国制度文化和农村金融市场的特殊性。我国传统农户行为的显著特征是对农村生活圈内的亲友高度信任，对生活圈之外的社会信任及其扩展却非常不足，这决定了传统农户的外界社会合作能力和意识处于较低水平，对政府的依赖性较强。然而，随着经济和社会的不断进步，制度的选择和发展是动态的，并非一成不变。马勇和陈雨露（2009）指出，需要从动态角度，考察我国农村金融中的政府角色。在市场化进程中，契约信用会逐渐取代亲缘信用，如果是这样，社会合作将会朝着最优方向发展。

通过前述分析，本书认为，在农村金融资源配置中如果促使市场起决定性作用，那么就需要政府加快培育我国的农村金融市场，同时要创造公平竞争的金融生态环境。由此，我国政府在农村金融市场中的功能定位应遵循的原则有：一是政府作用的范围应是对市场机制的"拾遗补阙"。政府可以利用政策性金融引导和扶持弱势群体平等进入市场。由此既纠正市场失灵，又避免政府失效。二是政府作用的目的应是促使市场机制恢复功能。农村金融组织不能长期靠政府的优惠和特别帮助来维持其地位，如果市场竞争实力不够，仅仅依靠注入外部资金，那么就会给农村金融组织带来高昂的固定成本，影响支持农村经济发展的目标。而且，政府作用的方式和力度应随着经济形势的变化而变化，在农村金融资源配置中重视发挥市场机制的决定作用。当农村金融市场正常运转后，政府则逐渐退出该领域，让市场机制在农村金融中发挥主导作用。三是政府作用的结果必须要比作用前的情况有所改善和好转。政府作用以不损害微观金融主体利益为前提，对农村金融组织或活动的支持应该保持在"不损害市场配置资源的效率，有利于公平竞争"的范围内，通过不断完善农村金融环境，建立农村资金良性循环机制。

7.2.2 政府功能定位应注意的问题

一直以来，政治经济学和发展经济学都将争论的焦点集中于政府与市场间的关系上，古典经济学认为，作为"看不见的手"，市场对经济行为的引导应当是有效的。事实上，政府与市场在边界问题上常常分不清楚，市场的决定性作用的发挥受到政府的越位、错位、缺位问题的极大阻碍。

1. 政府在农村金融改革中的"越位"现象

当前，我国经济发展具有明显的"二元结构"特征，政府在投资与经济增长方面发挥了全面的作用，而政府规划的总目标中也包含着农村金融制度安排，却没有将政府行为限定在市场作用的范围之外，"越位"现象不可避免。改革开放前，国家对全国金融资源试图以行政手段加以控制和配置，以便于实现赶超战略，这实际上完全将市场取代。正规金融机构常常被作为"出纳机"，被纳入制度框架中，最终造成制度效率下降，内在激励严重不足。为维护国家的控制利益，避免继续恶化，中国人民银行做出了实行商业化经营等一系列决定。同时，成立政策性银行，将政策性业务从商业银行中分离出来，并从农业银行中分离出农村信用社，表明市场已经开始受到政府重视。但无论是政策性银行成立还是农村信用社改革，均采用了政府供给主导的强制性变迁方式而不是自下而上的改革。在这种变迁方式下，农村金融机构的产权关系模糊或虚置、委托—代理链条过长、因决策偏离经营合作性质而造成较高交易成本和摩擦成本的弊端日益显现，不仅农村金融资源的配置效率深受影响，而且引发委托—代理中的机会主义行为问题，加剧农村金融风险的发生。

政府在农村金融改革中的越位还体现在其过度干预农村信用社，但对于农村信用社因此而蒙受的经济损失，政府却几乎没有承担。此外，金融市场的进入和退出完全受政府控制，这使得金融机构出现因竞争不充分而发展缓慢，同时，大量问题金融机构无法退出市场，出现"优不胜、劣不汰"局面。

2. 政府在农村金融改革中的"错位"和"缺位"现象

第一，投入政策性资金不足。农业发展银行由最初的全方位支农发展到专司收购资金管理，随着粮棉油市场化进程的推进，农业发展银行的业务范围也在收缩，支农工作开展有限。但政策性银行在多方面还有待提高，如法律地位、管理水平、优惠政策、资金来源等。因此使得农村信用社、农业银行仍承担着部分政策性金融业务。

第二，人为拔高农村正规金融而打压非正规金融。由于具有合法地位，农村正规金融一直是国家保护和支持的对象，但正规金融供给却无法满足农村经济主体的融资需求，而非正规金融自发孕育于民间，极大填补了农村资金需求的空缺。对于市场自发的非正规金融制度供给，政府把它当成一种挑战和威胁，采取"一刀切"的方式加以"禁止"和"取缔"，出现了政府作用于市场的"错位"现象。

第三，金融机制建设"缺位"。现有金融制度与农村经济发展相适应，影响非正规金融转型，体现了制度供给的"缺位"。

针对当前我国农村金融市场的发育现状，政府应以何种措施或方式才能成功培育出健康、可持续发展的农村金融市场呢？

7.3　国外政府支持农村金融的经验与启示

发展农村经济离不开农村金融的支持。探讨美国、日本、印度、泰国等国政府对农村金融支持的成功经验，可以为我国农村金融体系的建立提供借鉴与启示。

7.3.1　国外政府支持农村金融的经验

从美国、日本、印度、泰国等国政府对农村金融支持的经验来看，无论是发达国家，还是发展中国家，都十分重视农村金融体制的建设，并根据本国国情建立了各具特色的、行之有效的农村金融支持体系。[①]

1. 美国——复合信用型模式

美国是世界上农业最发达的国家，受益于本国高度发达的经济金融体系，农村也构建了比较完善的合作金融体系，这与政府主导的完备的农村政策性金融体系、农村合作金融体系以及农业保险体系密不可分。

美国农村金融体制构建的基本原则是为农业发展提供资金支持，农村金融制度是复合信用型模式，具有如下特点：一是提供农业信贷资金的机构中，既有专业的农村金融机构，也有其他类型的金融机构。二是已经形成了政府主导型的政策性金融、合作性金融以及商业性金融共同发展的农村金融体系。第一，政策性农村金融体系。根据《农业信贷法》，联邦政府主导创建了专门针对本国农业发展和农村发展提供融资的机构，由分单位局、商品信贷公司和小企业管理局组成。其主要功能是为农业生产及相关活动提供信贷资金和服务，并通过信贷活动调节农业生产规模和发展方

---

① 杨国川. 政府对农村金融支持的国际比较研究 [J]. 国际经贸探索，2009 (6)：42 – 46.

向，贯彻实施农村金融政策，控制农业发展规模等。第二，农村合作金融体系。在政府领导和出资扶持下，采用自上而下的方式建立起来，由联邦中期信用银行、合作银行、土地银行以及土地银行合作社三大系统组成。其中，联邦中期信用银行是美国最重要的农业信用合作系统，主要解决农民中短期贷款难的问题。第三，农业保险体系。为了帮助农民对付农业生产面临的风险，美国政府积极参与了农作物保险计划，至今已形成了比较完备的农作物保险业务。现行的美国农业保险完全由商业保险公司经营和代理，并在经营管理费和保险费补贴等方面受到政府的有力支持。经过几十年发展，美国已经从整体上形成多层次、全方位的农村金融体系，通过政府补贴、增加农业贷款和农业生产社会化等渠道，为农业现代化提供资金保障。

2. 日本——独特的农村合作金融体系

日本政府所建立的政策性金融，与民间强大的合作金融机构以及一部分其他金融机构并存，对日本农业发展起到了极为重要的作用。首先，日本政策性金融机构是农林渔业金融公库即"农林公库"，主要是把资金用于土地改良、造林、建设渔港等基础设施，同时也为国内大型农产品批发及交易市场的设施等提供资金。其贷款利率总体要比民间金融机构优惠，而且贷款偿还期限从 10～45 年不等。其次，日本支持农业发展的合作金融主要是农协系统，农协系统按照农民自愿、自主的原则登记成立，主要由三级组成：最基层的是市町村一级的农业协同组合，主要直接与农户发生信贷关系，不以盈利为目的，可以为农户办理存贷款和结算性业务；中间层为都道府县一级的信用农业协同组合联合会，简称信农联，主要在基层农协和农林中央金库之间起桥梁和纽带作用，帮助基层农协进行资金管理，并在全县范围内组织农业资金的结算、调剂和运用。最后，建立农村信用保险、临时性资金调剂、存款保险以及贷款担保等制度。其特点是强制性与自愿性相结合，凡关系国计民生、对农民收入影响较大的农作物和饲养动物都实行强制险，凡生产数量超过规定数额的农民和农场都必须参加保险。政府则对农业保险提供一定比例的保费补贴，一般情况下，费率越高，补贴越多，水稻和小麦的补贴分别占 70% 和 80%。

日本农村合作金融体制的优势是，将合作金融机构与国家产业发展及政策紧密相连，服务领域相对固定、信息资源较为充分、贷款决策成功率较高，各级信用社独立性较强、经营自主权较大，同时也易于政府对基础行业进行扶持。缺陷则是业务范围狭窄、资金利润薄、政府优惠多、财政压力大。

3. 印度——鲜明的多层次性

印度政府十分重视农村经济的发展，1969~1980 年间，先后两次进行银行国有化运动，直接控制国有银行，并在农村设立大量的金融机构。政府还颁布一系列法令设立土地发展银行和地区农村银行，调整监管体系；规定银行对优先部门的贷款比例，保证农户有金融机构支持且获得充足的资金供给。

印度农村金融体系主要包括印度储备银行（主要负责监管和协调，RBI）、商业银行（国有以及私人）、地区农村银行（Regional Rural Banks，RRBs）、合作银行（或合作社）、国家农业和农村开发银行（the National Bank for Agriculture and Rural Development，NABARD）、存款保险和信贷保险公司。各金融机构之间既分工明确，又相互合作。一是土地开发银行。这是为了适应长期信贷需要而设立的合作机构，主要为农民购买价值较高的农业设备、改良土壤、偿还国债和为赎回抵押土地而提供信贷。二是地区农村银行。主要向生产急需资金的贫穷农民提供贷款，不以盈利为目的，并且贷款利率不高于当地信用社的贷款利率，以促进印度落后地区的经济发展。三是国家农业和农村开发银行。即印度当前最高一级的农村金融机构，有权监督和检查地区农村银行和农村合作银行的工作，并资助商业银行的农村信贷活动，为农业发展提供短、中、长期贷款。四是商业银行，为合作社和小企业融通资金、促进印度农村落后地区发展起到了特别重要的作用。五是印度农业保险，实行自愿保险与有条件的强制保险相结合的方式，即进行生产性贷款的农户必须参加相关农业保险，其他保险如牲畜保险则由农户自愿选择是否参加。此外，还对多种农作物开展保险计划，充分发挥分散农业经营风险的作用。在政策引导和推动下，印度金融机构在广大农村地区普遍建立了自己的网络。这些不同性质的金融机构协同运作，可以满足农村不同层次的资金需要，促进农业快速、健康发展。

4. 泰国——农业与农村合作组织银行（BAAC）

为解决农村金融问题，泰国政府于 1966 年制定《泰国农业和农村合作社银行法》法案，经过 1976 年、1982 年、1999 年三次修改，为泰国农业和农村合作社银行长期稳定发展奠定了良好的基础。农业与农村合作社银行（BAAC）由财政部直接领导，这是向农村提供贷款的专业化信贷机构，体现了政府对中小农户的扶持补贴政策。BAAC 在农村地区的业务服务范围，既有团体也有个体农民，且以个体农民为主。BAAC 在有限程度上依赖补贴，这主要是由于政府控制其贷款利率而不是因自身运行效率低下（BAAC 不能通过提高贷款利率以弥补成本）。到目前为止，BAAC 服务覆盖了全国 90% 以上农户，覆盖率之高使最擅长提供大覆盖率服务的微型金融组织都没有发展空间。BAAC 贷款金额占全部农业信贷的一半，其中单笔金额低于 1200 美元的占了 1/3 或 1/2，小额贷款的单笔平均额为 660 美元，占人均 GDP 的 24%。BAAC 最主要的成功经验可归结为坚决抵制来自决策层的压力。财政部对 BAAC 的领导具有帮助性和指导性，而不是行政干涉。

7.3.2 经验启示

1. 建立农业金融法律体系

农业政策性金融有别于商业性金融机构，需要有专门的法律来规范其业务行为，并提供法律方面的支持和保障。美国、日本、印度等国都有比较完善的农村金融法律体系。如美国农业信贷组织机构是分别根据《1916 年联邦农业信贷法》《1923 年中间信贷法》等成立的；日本农业政策性金融机构"农林公库"，是根据 1945 年《农林渔业金融公库法》成立的；印度农村金融立法时间早，立法内容详尽，标准和手段明确，为农村经济发展提供了良好保障。而我国法律体系还不健全，专门针对支持农业发展的金融机构法律尚未建立。当前，在建设新农村的大背景下，应加快研究和制定符合我国实际的、加大农村金融投入的法律法规，在法律框架下促进农村金融服务于农村经济发展。

2. 健全农村金融体系

农村金融体系至少应包括三大部分：政策性金融、合作性金融和农业保险。这些机构之间分工合作、互相促进，共同支持农业的发展。如美国联邦土地银行、联邦中期信贷银行、合作社银行建立后，逐渐取代了商业金融和个人信贷在农业信贷中的地位。印度既有合作机构如合作银行、土地开发银行为农业的发展提供短中长期贷款，又有政府机构如地区农业银行为农业发展提供资金，且商业银行也已涉足农业领域。泰国农业和农村合作社银行与我国的农村信用社非常相似，也是经过改革才发展起来的。借鉴国外经验，建立政府对农村金融的扶持制度，积极开展政策性金融、商业性金融、合作性金融与保险公司的业务合作；建立广泛的委托代理关系，达到优势互补、合力支农的效果；继续发挥农信社的金融主力军作用，建立存款保险制度，发展适合农村的担保机构及方式。

3. 加强农贷风险补偿

为了支持农业发展，各国大都有健全的农业保险制度。由于农业保险风险过大，成本较高，在农业保险的发展过程中，都有政府的支持和推动。如美国于1938年颁布了《联邦农作物保险法》，并多次修正以对所有农作物进行保险。日本于1929年颁布《家畜保险法》，经过多次修订、补充，目前形成了《农业灾害补偿法》。我国农业保险发展缓慢，保险公司大多不愿接受农业保险，尚无一套完整法律予以扶持。因此，应借鉴美国、日本等国家经验，加快农业保险立法，通过建立如农村信用保险、利差补偿、利税返还补偿和农业贷款风险补偿基金来健全农业保险制度，确保农村、农业及农民的利益。

4. 多渠道筹集资金

从美国、日本等国经验来看，农村金融机构的筹资渠道是多样化的：一是通过政府拨款。如美国联邦中期信贷银行、合作社银行的资本金最初都由政府提供，后来才全部退还；二是发行债券和票据。如美国联邦土地银行可向金融市场发行债券和票据筹集资金；三是吸收存款和向中央银行及其他金融机构借款。吸收存款主要是吸收会员存款，借款渠道则包括中央银行、商业银行及其他金融机构、世界银行、外国金融机构等。通过发放贷款、提供担保等形式把所筹资金贷给农民，如美国农民家计局发放的用于农民家计、农村社区发展的贷款，日本"农林公库"发放土地改良贷款等。但目前我国农村金融机构筹资渠道过于单一，应借鉴美国、日本等国的经验，多渠道筹集资金以支持农业发展。

5. 促使资金回流农村

农村资金大量外流直接影响到农村投资和资本积累，制约了农村经济发展。从美国、日本、印度等国的做法来看，美国在所划分的 12 个农业信贷区内设立农贷专业银行，由农业信贷管理局监管，以有效保证农村信贷的相对独立性，防止商业银行将农贷资金转移到其他领域；印度为防止农村资金外流，对信贷支农做了严格的规定；日本"农林公库"对贷款使用方向和重点适时作出调整，以更好地服务于国家不同时期的农业发展重点。针对我国农村资金大量外流的情况，政府应出台有效的支农措施，增强农村有效信贷需求，引导和严格控制贷款对象来防止资金流出农村。同时，政府还应积极稳妥地推进农村金融机构改革，完善农村资金回流机制，构筑资金由城市向农村回流的渠道。

7.4 政府支持农村金融的主要方式

市场在资源配置中起决定性作用有利于转变政府职能。市场在资源配置中起决定性作用，并不是全部作用，也不意味着市场是万能的。市场在微观领域的资源配置中起决定性作用，而政府职能则应该限制在宏观领域，更明确地定位为完善和健全市场经济体制，完善公平竞争的生态环境、对市场主体和活动实施监管、做好"守夜人"的责任。政府支持农村金融主要方式具体有：

7.4.1 培育农村金融市场

由于农村金融市场是不完全竞争的，其资金供给有着一定的公共性和外部性等特征，加上受到农村经济特点和特殊性等因素的影响，我国农村金融市场需要政府的培育和支持。

一是建立农村金融市场秩序。政府主要通过三个层次的工作来规范农村金融市场参与者的行为，即确认金融交易活动前参与者的资格、监督并约束双方的交易行为，实施优胜劣汰制度等，从而确立了参与者市场准入、行为规范、市场退出等问题，使金融交易双方利益都受到保护，促进农村金融市场的健康运行。在市场准入方面，针对农村金融服务供给不足现状，降低农村金融市场准入门槛。加快发展中小金融机构，给予农村非正规金融组织以相应的合法地位，吸引更多的民间资本和外资介入，建立多种金融机构并存、功能互补、协调运转，具有较高竞争水平和支农效率的农村金融市场。在市场退出方面，建立优胜劣汰制度。有进入就必然有退出，没有市场退出机制，道德风险便会不可避免。与其他行业不同，金融企业破产有很大的负外部性，容易引发金融危机，严重者还会引起社会动荡。对于不具备经营条件、不具备经营资格、资不抵债或有严重欺诈违法行为等原因的市场主体应强制其退出农村金融市场。同时，完善参与者的注销登记等方面的相关规定，使现有法律法规具有可操作性。为了保持市场秩序的稳定性，还可以在我国农村金融领域建立存款保险制度，合理分摊因金融机构倒闭产生的损失，消除参与者的顾虑，增强农村金融机构拓展业务的能力。

二是培育农村金融市场竞争机制。效率的提高要以竞争为前提，因为竞争有助于产品创新、服务质量提高和成本的有效降低。当前，农村金融市场的主要矛盾是农户的融资成本过高与农村经济的低效益。要促进农村金融市场竞争，首先是坚持平等原则，也就是让所有参与者的权利与义务公平、机会同等、报酬分配公正。其次是坚持效率原则。提高市场的效率既要考虑静态的，还要考虑动态的。在稳定市场秩序的前提下，提高农村金融市场配置和运行的效率。

三是加快农村服务的市场化改革。竞争性金融市场的最基本要素市场供求决定利率。由于利率管制过严，过低的实际利率既不能真实反映农村资金稀缺程度和供求状况，也不能有效地动员储蓄，弥补农村金融机构必要的资金成本和风险。因此，放松利率管制，加快推进利率市场化进程，有利于加强农村金融市场竞争，防止垄断性定价给农村金融供求带来不利影响。研究表明，在拉美和亚洲，农村中小规模经营者的年均投资回报率都可达 117% ~ 847%。那些资本稀缺的中国农户和微型企业，若获得资金，可能创造的边际投资回报率要比城市大企业高得多。①

7.4.2 完善农村金融生态环境

金融生态环境包括相关法律、信用和担保体系以及金融市场主体的产权明晰等。

1. 加强农村金融立法

法律规范能够保障农村金融市场的有序运行。米尔顿·弗里德曼认为，市场不能从事的事情，政府可以对之发挥作用，但仅仅是决定和强制执行游戏规则。政府应监督已有规则的执行情况，制裁违规者，保护合法者的利益。一是制定《社区再投资法》。强调除农村信用社以外，其他金融机构若在农村吸收存款，则必须限定资金比例用于所在地区的农业贷款。若不执行，就强令其退出当地金融市场。因而保证了金融机构的支农总投入。二是制定反垄断法。要创造公平竞争的金融环境，必须打破金融业的垄断局面，引导和鼓励民间资本介入农村金融业，促进农村金融良性发展。三是制定《合作金融法》。引导和规范现有合作金融，使之成为真正意义上的合作金融。此外，加快制定农业政策性金融法规和农业保险法规，保证农村经济和农村金融的健康发展。

2. 完善农村金融监管

首先，要理顺监管职责。中国人民银行和银监会要各司其职，对金融机构的经营活动要加强全程监管，定期或不定期地进行检查，采用多种手段去有效识别、监测、计量和控制各种金融风险，在队伍建设、信息科技基础系统和建立有效的激励与约束机制等方面建立监管架构。其次，要创新农村金融监管方式。利用现代信息技术手段，转变金融监管思路，构建非现场监管系统，从过去的"人防"转变为"机防"，将合规和风险两方

---

① 刘锡良等. 中国转型期农村金融体系研究 [M]. 北京：中国金融出版社，2006：126.

面的监管一致起来，加大现场检查农村金融机构的效率和频率，在监管过程中，既要体现公平性，还应注意奖惩的适当性。

3. 推动产权制度改革

为了追求利润，不同市场主体必然展开相互竞争，并尽快提高经营效率。然而，明晰的产权是市场经济社会的基础。目前，我国农村产权不够明晰，农民在贷款时，不能将农地承包经营权、农产品和住房等转化为有效抵押担保，影响农村金融供求主体活动的正常进行，导致现实需求无法转化为有效需求。在我国农村地区，主要金融机构均不同程度地存在产权边界不清、法人治理结构不健全等缺陷。因此，需要加快整合潜在的金融资源，推动相关产权改革，促进农村金融资源的良性循环。比如，可以建立统一规范的农村产权交易中心。该中心模式能突破原有经济主体相互分离、纠纷不断的困扰局面，促进要素合理流转和有效配置，并为农村经济主体扩大了抵押担保的范围，有利于将农村产权转化为现实的融资能力。

4. 构建风险分担机制

与城市金融市场相比，农村金融市场二元化特征明显，且收益低、风险大，资金外流现象比较严重，因此，急需构建农村金融风险分担和转移机制，引导资金回流。

一是改善农村信用环境。要建立社会诚信数据库，覆盖范围包括全部企业和个人，将农村信贷纳入其中，实现信息资源共享；完善违约惩戒制度，实施必要的违约制裁手段，以降低信贷成本；推进依法行政，以有效保护债权人利益；利用新闻媒介来宣传诚信文化，从而塑造良好的宏观氛围。

二是完善农产品期货市场。我国农产品期货交易市场始建于 20 世纪 90 年代。作为农产品市场体系的重要组成部分，农产品期货市场的功能发挥不断增强，期货交易也逐步成为农业规避市场风险的重要手段，期货市场在引导种植结构调整，保障订单农业的发展，促进现货市场的标准化、组织化等方面的作用日益显现。发展现代农业，必须大力推进和完善农产品期货市场。目前，我国期货市场上市了早籼稻、优质强筋小麦、硬白小麦、白糖和天然橡胶等 13 个农产品期货品种，比 2007 年末增加 8 个品种，覆盖粮棉油糖的农产品期货品种体系基本形成。① 然而，长期以来，我国农产品期货交易的参与主体以散户资金和民间资金为主，与发达国家存在很大差距。因此，应该借鉴国际经验，加快农产品期货市场建设。优化市场结构，创新农产品期货交易品种；减少投机和遏制市场操纵，避免期货市场价格的剧烈波动，保护投资者利益；完善保证金制度，对不同交易目的的市场主体按照不同比率收取保证金；稳步发展期权产品，为投资者提供更多规避市场风险的工具。建立现期货一体化服务体系，重视并加强对期货信息的传播，让农民学会利用期货信息指导生产。

7.5 本章小结

发挥市场在配置资源中的决定性作用和更好地发挥政府作用，是我国政府在经济金融发展过程中对政府与市场关系认识的深化，也是我国在经济发展与改革的新阶段对政府与市场关系的重新定位。探讨政府对经济发展的作用，不能以静止的观点一言以蔽之，而必须从动态的视角即在社会发展过程中认识市场经济的基本特征，由此才能进一步正确处理政府与市场的关系。当然，界定市场在经济发展中的决定作用，绝不是否定和弱化政府的作用。在现代化进程中，市场和政府的作用同样重要，相辅相成，只不过它们作用的范围和内涵是不一样的，依据的行动逻辑也是不相同的。

在我国，政府与市场的关系理论已被应用于各种问题的研究。目前，我国农村金融市场发展很不完善，单靠市场本身难以形成有效的机制。确定政府在农村金融市场中的角色，既要考虑市场失灵现象，还应该结合我国经济和金融发展的历史，考察可能存在的政府失灵问题，另外也需要考虑我国制度文化和农村金融市场的特殊性产生的影响。现阶段，市场在资源配置中起决定性作用有利于转变政府职能。从美、法、日等经验可以看出，政府在农村金融制度变迁过程的不同阶段所起的作用是不同的，并形成多元化的农村金融体系。这表明，市场在资源配置中起决定性作用，并

①　中国人民银行农村金融服务研究小组. 中国农村金融服务报告 2010 ［M］. 北京：中国金融出版社，2011.

不是全部作用，也不意味着市场是万能的。市场在微观领域的资源配置中起决定性作用，而政府职能则应该限制在宏观领域，更明确地定位为完善和健全市场经济体制，完善公平竞争的生态环境、对市场主体和活动实施监管、履行好"守夜人"的责任。

第8章 基本结论与研究展望

8.1 基本结论

通过对前面几章的理论研究与实证分析，本书得出以下几个方面的研究结论：

1. 农业现代化对农村金融制度有着不断扩大的需求

农业现代化始终是一个重要的主题。作为现代化不可缺少的一部分，农业现代化的实现不是一个孤立的过程，而是与工业化、信息化和城镇化在相互关联中发展的。目前，我国农业发展总体上已经进入加快传统农业向现代农业转型、实现有中国特色农业现代化的关键时刻。对农村金融制度的需求衍生于对农村金融的需求，只有建立合理的农村金融制度，才能满足农村经济主体的金融需求。高投入是农业现代化的重要条件。实现农业现代化，不仅应该创造各种条件促进农业剩余劳动力的自由流动，而且还应该提高农业引入资金、技术等新要素的机会和能力，加大农业投入，增强农业提供剩余的能力，促使工农业的发展走向均衡。农业现代化对农村金融需求来自两个方面：一是农民生产生活方式的变化所引起的个别需求；二是农业现代化外在条件变化所引起的公共需求。无论是个别的金融需求还是公共的金融需求，都与我国城镇化发展密切相关。因此，农业现代化对农村金融的需求是不断扩大的。

2. 农村金融制度发展存在供求两方面的障碍

农村金融制度发展的目的是为了解决"三农"问题，因此，所有政策

措施的出台必须以满足农村金融需求为出发点。农村金融制度发展面临的
第一个障碍是金融供给约束。从现阶段来看，农村金融供给不仅表现为农
村储蓄供给不足，金融中介的支农供给也显著有限，甚至还有农村资金大
量外流的现象。这是因为，传统农户土地经营规模小，收益低，难以有更
多的剩余流向储蓄；而正规金融机构普遍具有市场化经营特性，鉴于农业
是弱势产业，投资周期长，收益低，很难自愿也愿意向农村经济主体提供
资金。另外，农户对土地享有产权的不完整也会造成正规金融机构贷款收
益的不确定性。因此，正规金融机构对农户表现出明显的"惜贷"和
"慎贷"行为，并以信贷配给方式授予资金。农村金融制度发展的第二个
障碍来自农业经济主体的金融需求抑制。现阶段我国农村经济是典型的小
农经济，农户总体借贷需求不高，即使有借贷需求，更希望向正规金融机
构借贷，但实际上却难以获得正规借款，无奈只得求助于非正规金融。其
原因在于，农户的借贷需求受到多种因素的影响，不仅与农村金融供给体
系有关，还与农户自身有关，更有来自制度、行业、市场和社会等方面的
因素。信贷需求的抑制导致农户生产经营方式比较保守，创业和改善生产
的动力不足，因而始终难以走出贫困的低水平循环陷阱。

3. 目前大多数农户还没有成为真正的市场竞争主体

正确认识农业和农民，是探究农业发展缓慢和传统农户弱势的原因及
出路的前提。我国农村经济是典型的小农经济，以农业收入为主的传统小
农的借贷需求普遍较低且不敢借贷。这说明传统农户并未成为真正的市场
竞争主体，难以有效获得金融资源，无法完成发展现代农业的重任。长期
以来，分散化经营模式造成了农户的市场弱势和组织弱势，但农业不是天
然的弱质产业，一方面，农业中的自然风险在不断地下降，另一方面，生
产周期长、资金周转慢不能作为农业是弱质产业的根据。同时，农民是理
性的生产者。"过密"的现象不能说明农民的非理性。因此，农业与其他行
业一样，都是市场机制下的平等行业，都能培育出有竞争实力的市场主体。

4. 正规金融支农有效性不足

现阶段，我国正规金融在农村已逐步形成以农村信用社为主，商业银
行分支机构、农业发展银行、邮政储蓄机构为辅的多层次、多渠道的农村

金融体系。然而，正规金融并没有真正体现出其支持农业和农村经济发展的功能。从金融资源配置功能角度来看，判断一国或地区的正规金融制度是否完善和健全，可以用适应性标准、效率性标准和完备性标准来衡量。当正规金融制度无法满足这三个标准时，正规金融的支农功能将受到严重限制。由于正规金融机构之间缺少分工合作，职能存在错位，正规金融制度支农功能的"适应性"明显缺乏。效率是资金配置的核心问题，评价农村金融资源配置是否有效率，应该看是否最有效地将闲置资本和支农资金转化为农村生产投资或消费，促进农村生产要素的优化配置。目前，农村储蓄向投资转化的效率不足，正规金融在农村的市场垄断程度过高，系统风险较大，这些都表明，正规金融支农效率总体较低。而农村金融制度不完善的最重要体现就是农村金融机构存在产权残缺问题，同时农业保险等中介组织制度建设也处于缺位状态。因此，正规金融发展的现状与判断金融制度是否完善与健全的标准相差甚远，说明正规金融支农有效性是不足的。

5. 农村非正规金融组织亟须转型和发展

在我国，非正规金融组织有着深厚的生存土壤、独特的运行优势和高效的履约机制，决定了其可以被用来为农村经济发展和农民增收服务。而且正规金融支农供给的不足，为农村非正规金融组织的转型与发展留下了广阔的空间。然而，农村非正规金融的存在是一把双刃剑，在发挥其优势的同时，也会产生一定的负面效应，主要表现在：非正规金融的扩张边界限制了信息和成本优势，其游离于外的性质削弱了国家的宏观调控，有限理性容易引发金融风险，影响社会稳定，加重农村中小企业和农户的负担，导致资金使用恶性循环。因此，对于农村非正规金融，我们绝不能简单地肯定或否定甚至取缔它，而应当以政府为主导，围绕"三农"的金融服务需求，支持和督促农村非正规金融转型和发展。

8.2 研究展望

农业现代化和农村金融制度发展是当前的热点问题，涉及的理论较多，问题也有待于进一步深入，尤其是农村非正规金融和乡村社会关系网络问题属于比较敏感的研究领域。虽然目前国内学者对农村非正规金融已经有了极少数的典型调查，但除了农业部全国固定观察点组织的调查以外，官方系统的调查和统计数据非常匮乏。本书所使用的数据资料主要是通过国家统计局、农业部全国固定观察点等间接渠道获得的，缺乏直接的调查数据，这正是本书作者所感缺憾之处，因此，设计科学的问卷深入农村调查走访，获得最原始的第一手数据进行详细分析，将是本书作者在该领域下一步研究的重点。

参 考 文 献

英文文献:

[1] A. Isaksson. Informal finance and intermediation [R]. Working Paper, No. 252, UB & SDRC, Germany, 2002.

[2] Adams, D. & Fitchett, D. Informal Finance in Low Income Countries [M]. West View Press, Boulder Co. 1992.

[3] Adams, D. W. , and M. L. Canavesi de Sahonero. Rotating Savings and Credit Associations in Boliva [J]. Savings and Development, 1989, 13 (3): 219 – 236.

[4] Allen N. Berger, Nathan H. Miller, Mitchell A. Petersen, Raghuram G. Rajan, Jeremy C. Stein: does function follow organizational form? Evidence from the lending practices of large and small banks, February 2002.

[5] Anders Isaksson. Informal finance and intermediation [R]. Working Paper, UB & SDRC. Germany, ISSN0936 – 3408, 2002.

[6] Arrow, K. Uncertainty and the Welfare Economics of Medical Care [J]. American Economic Review, 1963 (53): 91 – 96.

[7] Arrow Kenneth J. , The role of securities in the optimal allocation of risk bearing [J]. Review of Economic Studies, 1964 (2): 91 – 96.

[8] Aryeetey E. . Informal Finance for Private Sector Development in Africa [D]. A Background Paper Prepared for the African Development Report, 1998.

[9] Banerjee, Abhijit V. , and Andrew F. Newman, Occupational Choice and Process of Development [J]. Journal of Political Economy, 1993, 102 (2), 274 – 298.

[10] Beck, T. , Levine, R. , and Loayza, N. Finance and the Sources

of Growth. Journal of Financial Economics, 2000.

[11] Bell C. Interaction between Institutional and Informal Credit Agencies in Rural India [J]. World Bank Economic Review, 1990, 4 (3): 297 –327.

[12] Benhabib J. , Spiegel M M. The role of financial development in growth and investment J. Journal of Economic Growth, 2000, 15 (14): 341.

[13] Berger A and Udell G. Relationship Lending and Lines of Credit in Small Firm Finance [J]. Journal of Business, 1995, Vol. 68 (3), pp. 351 – 381.

[14] Berger, A. and Udel, 1 G. Small business credit availability and re-lationship lending: the importance of bank organizational structure [J]. The Economic Journal, 2002, 112 (February): 32 –53.

[15] Besley, T. and S. Coate. Group Lending, Repayment Incentives and Social Collateral [J]. Journal of Development Economics, 1995, 46, 1 –18.

[16] Besley & Levenson. The Role of Informal Finance In Household Cap-ital Accumulation: Evidence from Taiwan [J]. The Economic Journal, 1996 (106).

[17] Bester, H. and Hellwing, M. Moral Hazard and Eguilibrium Credit Rationing in Bamberg G. Heidelberg [M]. Springer rerlag, 1987.

[18] Bose. P. . Formal-Informal Sector Interaction in Rural Credit Markets [J]. Journal of Development Economics, 1996, (56): 265 –280.

[19] Boucher, S. , Carter, R. M. and Guirkinger, C. Risk Rationing and Wealth Effects in Credit Markets: Theory and Implications for Agricultural Development [J]. American Journal of Agricultural Economics, 2008, 90 (2): 409 –423.

[20] Bourman, F. J. A. Indigenous Savings and Credit Associations in the Third World: A Message? [J]. Savings and Development, 1977 (23): 371 – 384.

[21] Bradford L. B. , Stephen B, Michael R C. Credit Constraints, Credit Unions, and Small-scale Producers in Guatemala [J]. World Develop-ment, 1996 (5): 93 –806.

[22] Braverman, Avishay, and Joseph E. Stiglitz. Sharecropping and the

Interlinking of Agrarian Markets [J]. American Economic Review, 1982, 72 (4): 695 - 715.

[23] Braverman. Rural Credit Markets and Institution in Development Countries: Lessons for Policy Analysis from Practice and Modern Theory [J]. World Development, 1986.

[24] Buffie, E. F. Financial Repression, the New Structuralists and Stabilization Policy in Semi Industrialized Economies [J]. Journal of Development Economics, 1984, 14 (3): 305 - 322.

[25] Calomiris, C. W. & Rajaraman, I. The Role of ROSCAs: Lumpy Durables or Event Insurance?, Journal of Development Economics, 1998 (56): 207 - 216.

[26] Cole, Rebel. The Importance of Relationships to the Availability of Credit [J]. Journal of Banking and Finance, 1998, Vol. 22 (6 - 8), August: 959 - 977.

[27] Conning. J. Financial Contracting and Intermediary Structures in a Rural Credit market in Chile: A Theoretical and Empirical Analysis [J]. Doctoral Dissertation. Yale University, 1996.

[28] D. G. Waldron. Informal Finance and the East Asian Economic Miracle [J]. Multinational Business Review, 1995, Vol. 3, pp. 46 - 55.

[29] Diagne, A. Determinants of Household Access to and Participation in Formal and Informal Credit Markets in Malawi. Food Consumption and Nutrition Division Discussion Paper [R]. 1999.

[30] Floro M. S. , D. Ray. Vertical Links Between Formal and Informal Financial Institutions [J]. Review of Development Economics, 1997, 1 (1): 34 - 56.

[31] F. N. Okurut, A. Schoombee, S. Van Der Berg. Credit Demand and Credit Rationing in the Informal Financial Sector in Uganda [J]. South African Journal of Economics, 2005, Vol. 73: 3.

[32] Francis Nathan Okurut, Botlhole. Informal financial markets in Botswana: a case study of Gaborone city [J]. Development Southern Africa, 2009, 26 (6): 255 - 270.

[33] Fry M. J. Saving, Investment, Growth and the Cost of Financial Repression [J]. World Development, 8, 1980 (8): 317 - 327.

[34] Fry M. J. Interest Rates in Asia: An Examination of Interest Rate Policies in Burma, India, Indonesia, Korea, Malaysia, Nepal, Pakistan, the Philippines, Singapore, Sri Lanka, Taiwan and Thailand [J]. International Monetary Fund, Asian Department, 1981.

[35] Fry Maxwell J. Money, Interest, and Banking in Economic development [M]. The Johns. Hopkins University Press, Baltimore, MD, 1988.

[36] Fuentes, G. The Use of Village Agents in Rural Credit Delivery [J]. Journal of Development Studies, 1996, 32 (3): 188 - 209.

[37] Fukuyama, Francis. Trust: The Social Virtues and The Creation of Prosperity [M]. NY: Free Press, 1996.

[38] Galbis, Vicente. Financial Intermediation and Economic Growth in Less - Developed Countries: A Theoretical Approach [J]. Journal of Development Studies, 1977, 13 (2): 58 - 72.

[39] Galor, O. , Zeira, J. Income Distribution and Macroeconomics [J]. Review of Economic Studies, 1993, 60 (1): 35 - 52.

[40] Ghate, P. Informal Finance: Some Findings from Asia [M]. Hong Kong: Oxford University Press, 1992.

[41] Goldsmith R. Financial structure and development [M]. New Haven: Yale university Press, 1969.

[42] Gonzalez - Vega. Credit - Rationing Behavior of Agricultural Lenders: The Tron Law of Interest Rate Restrictions, in Adams, D. W.; Graham, D. H. and Von Pischke, J. D. , eds, Undernining Rural Development with Cheap Credit, Boulder and Alaondon [M]. New York: Westview Press, 1984: 144 - 147.

[43] Greenwood J, B. Javanovic. Financial development, growth, and the Distribution of Income [J]. Journalof Political Economy, 1990 (98): 1076 - 1107.

[44] Guiso, L. , P. Sapienza, and L. Zingales. Cultural Biases in Economic Exchange? [J]. Quarterly Journal of Economics, 2009, 124 (3):

1095 – 1131.

[45] Gurley, J. C. and Shaw, E. S. Money in a Theory of Finance. Washington, D. C. : Brookings Institution, 1960.

[46] H. D. Seibel & B. P. Schrader. From informal to formal finances: The transformation of an indigenous institution in Nepal [J]. IFAD Rural Finance Working Paper Series, 1999b, No. B4.

[47] IFAD. Rural Financial Services in China [R]. International Fund for Agricultural Development, 2001.

[48] Jain, S.. Symbiosis Vs. Crowding-out: The Interaction of Formal and Informal Credit Markets in Developing Countries, Journal of Development, 1999 (59): 419 – 444.

[49] Jensen, M. C. and K. J. Murphy, Performance Pay and Top – Management Incentives [J]. Journal of Political Economy, 1990 (98): 225 – 264.

[50] Johansen S. Statistical Analysis of Co-integration Vectors [J]. Journal of Economic Dynamics and Control, 1988 (12).

[51] John Orcutt. Improving the expand the intermediary role efficiency of the angel finance market: a proposal to expand the intermediary role of finders in private capital [M]. Pierce Law Paper, 2006.

[52] Kapur, B. K.. Alternative Stabilization Policies for Less – Developed Economics [J]. Journal of Political Economy, 1976, Vol. 84, No. 4, 777 – 796.

[53] K. Hoff and Joseph E. Stiglitz. Introduction: Imperfect Information and Rural Credit Markets – Puzzles and Policy Perspectives [J]. The World Bank Economic Review, 1990, 4 (9): 235 – 250.

[54] K. Hoff, J. Stiglitz. Money Lenders and Bankers: Price – Increasing Subsidies In a Monopolistically Competitive Market [J]. Journal of Development Economics, 1997 (52).

[55] Kellee Tsai. Beyond Banks: The Local Logic of Informal Finance And Private Sector Development in China [J]. Department of Political Science Johns Hopkins University. To Be Presented At The Conference On Financial Sector Reform In China, 2001.

［56］ King, Robert G. , Levine, Ross. Finance, Entrepreneurship, and growth: Theory and Evidence ［J］. Tournal of Monetary Economics, December 1993 (6), 32 (3).

［57］ King & Levine. Finance and Growth ［J］. Quarterly Journal of Economics, 1993 (108).

［58］ King, Robert G. and Plosser, Charles I. Money as the Mechanism of Exchange ［J］. J. Monet. Econ. , 1986, Jan, 17 (1), 93 – 115.

［59］ Kochar, A.. An Empirical Investigation of Rationing Constraints in Rural Credit Markets in India ［J］. Journal of Development Economics, 1997 (53): 339 – 371.

［60］ Koester, Ulrich. CAP is Something We Can be Proud of Working Paper ［M］. University of Kiel, 2000.

［61］ Kropp. Linking Self-help Groups and Banks in Developing Countries ［J］. Escbom: GTZ – Verlag, 1989.

［62］ Lee, Yang – Pal. Inflation Hedges and Economics Growth in a Monetary Economy ［D］. Standford: Standford University, Ph. D. Thesis, 1980.

［63］ Lee, J. Improving Domestic Resource Mobilization Through Financial Development ［M］. Sri Lanka, Manila: Asian Development Bank, 1987.

［64］ Levine. Financial Development And Economic Growth: Views And Agenda ［J］. Journal of Economic Literature, 1997 (35).

［65］ L. Taylor. Structuralist macroeconomics: Applicable models for the Third World ［M］. New York, Basic Books, 1983.

［66］ Luory, Glenn C. A Dynamic Theory of Racial Income Differences ［A］. in Women, Minorities, and Employment Discrimination ［C］. Phvllis Wallace and Annette M. La Mond. eds. Lexington, MA. Heath. 1977.

［67］ Manfred Zeller. Determinants of Credit Rationing: A Study of Informal Lender and Formal Credit Groups in Madagasca ［J］. World Development, 1994, Vol. 22.

［68］ Mario B. Lamberte and Joseph Lim. Rural Financial Markets: A Review of Literature ［J］. Philippine Institute for Development Studies, Staff Paper Series, 1987, No. 8702.

[69] McKinnon, Ronald. Money and Capital in Economic Development [M]. Washington, D. C. : The Brookings Institution, 1973.

[70] Meir Kohn. Finance before Industrial Revolution – An Introduction. Department of Economics [C]. Dartmouth College, Working Paper. 1999.

[71] Misra. Dud Industrialization in Third Countries [M]. New Delhi, 1985.

[72] Pagano. M. Financial Markets and Growth: An Overview [J]. European Economic Review, 1993, 37.

[73] Patrick, H. T. . Financial Market and Growth: An Overview [M]. European Economic Review, 1966.

[74] Pham Bao Duong and Yoichi Izumida. Rural Development Finance in Vietnam: A Microeconometric Analysis of Household Surveys [J]. World Development, 2002, Vol. 30, No. 2, 319 – 335.

[75] Robert G K, RossL. Finance and Growth: Schumpeter Might Be Right? [J]. Quarterly Journal of Economics, 1993 (1083): 42.

[76] Ross Levine, Sara Zervos. Stock Markets, Banks and Economic Growth [J]. The American Economic Review, 1998.

[77] Schreiner, M. . Informal Finance and the Design of Microfinance [C]. Working Paper, 2000a.

[78] Seibel H. D. Upgrading, Downgrading, Linking, Innovating: Microfinance Development Strategies: A Systems Perspective [M]. University of Cologne Development Research Center, 1997.

[79] Shaw. E. S. Financial Deeping in Economic Development [M]. New York: Oxford University Press. 1973.

[80] Stiglitz Joseph E. and Andrew Weiss. Credit Rationing in Markets with Imperfect Information [J]. American Economic Review, 1981, (71): 393 – 341.

[81] Stiglitz, Joseph E. . Peer Monitoring and Credit Markets [J]. The World Bank Economic Review, 1991, 4 (3): 351 – 356.

[82] Tang. S. Informal Credit Markets And Economic Development In Taiwan [J]. World Development, 1995, 23 (5).

［83］ Timberg, Thomas A & Aiyar, C. V.. Informal Credit Markets in India ［J］. Economic Development and Cultural Change, University of Chicago Press, 1984, Vol. 33 (1): 43 –59.

［84］ Timothy J. Besley and Sanjay Jain. Household participation in formal and informal institutions credit-markets in developing countries: evidence from Nepal ［EB/OL］. http: //sitesources. worldbank. org.

［85］ Townsend, Robert M. and Jacob, Yaron. The credit risk-contingency system of an Asian development bank ［M］. Federal Reserve bank of Chicago, Economic Perspectives, 2001.

［86］ Varghese. Bank-moneylender linkage as an alternative to bank competition in rural credit market ［J］. Oxford Economic Papers, 2005, Vol. (57): 315 –335.

［87］ V. K. Ramachandran, Madhura Swaminathan. Does informal credit provide security? Rural Banking Policy in India ［M］. International Labour Organization, 2001.

［88］ W. A. Lewis. Economic Development with Unlimited Supplies of Labor ［J］. Manchester School of Economic and Social Studies, 1954, No. 22, 139 –191.

［89］ William F. Steel, eta.. Informal Financial Markets Under Liberalization In Four African Countries ［J］. World Development, 1997, 25 (5): 817 –830.

［90］ Y. Kon and D. J. Storey. A Theory of Discouraged Borrowers ［J］. Small Business Economics, 2003, Vol. 21: 37 –49.

中文文献:

［1］ ［美］ 约翰·G·格利、爱德华·S·肖《金融理论中的货币》, 贝多广译, 上海: 上海三联书店、上海人民出版社, 1994 (107).

［2］ ［美］ 舒尔茨. 改造传统农业 ［M］. 北京: 商务印书馆, 1987 (4).

［3］ 巴红静. 我国农村非正规金融组织发展脉络、形成根源与发展方式 ［J］. 石家庄经济学院学报, 2012 (3): 24 –29.

［4］ 白钦先, 王伟. 科学认识政策性金融制度 ［J］. 财贸经济, 2010 (8).

［5］蔡四平等. 农村金融组织体系：一种交易费用理论的解释 ［J］. 湖南大学学报（社会科学版），2010（4）.

［6］曹力群. 当前我国农村金融市场主体行为研究 ［J］. 金融论坛，2001（5）.

［7］车丽华，陈晓红. 我国非正规金融规制外在效应的实证研究 ［J］. 系统工程，2012（1）：67－74.

［8］陈冲，郑文君. 农村合作经济组织发展与政府职能：一个动态演变分析框架 ［J］. 经济体制改革，2010（4）：109－112.

［9］陈东，陈小亮. 中国与印度农村非正规金融的比较与启示 ［J］. 南亚研究季刊，2009（4）：78－82.

［10］陈静稚，丁忠民. 二元经济结构视角下的农户金融需求分析 ［J］. 金融理论与实践，2012（9）：17－20.

［11］陈鹏，刘锡良. 中国农户融资选择意愿研究——来自10省2万家农户借贷调查的证据 ［J］. 金融研究，2011（7）：128－141.

［12］陈锡文. 资源配置与中国农村发展 ［J］. 中国农村经济，2004（1）：4－9.

［13］陈佳贵等. 中国工业化进程报告 ［M］. 北京：中国社会科学出版社，2007.

［14］程郁等. 供给配给与需求压抑交互影响下的正规信贷约束 ［J］. 世界经济，2009（5）：73－82.

［15］初昌雄. "双到" 扶贫中的金融创新——"郁南模式" 及其启示 ［J］. 广东农业科学，2012（3）：204－206.

［16］崔红. 我国农村金融市场结构的集中度分析 ［J］. 当代经济，2008（4）.

［17］邓奇志. 功能视角下我国农村金融效率的现实审视及优化路径 ［J］. 农村经济，2010（5）：52－55.

［18］丁兆明，曾春水. 农村经济主体的金融供需现状及政策建议 ［J］. 农业考古，2006（6）：294－296.

［19］杜彪. 非正式制度与非正规金融：农村金融发展问题研究中不可或缺的视角 ［J］. 太原理工大学学报（社会科学版），2008（2）：22－26.

[20] 杜朝运. 制度变迁背景下的农村非正规金融研究 [J]. 农业经济问题, 2001 (3).

[21] 杜伟. 农村二元金融结构与金融抑制 [J]. 太原理工大学学报, 2007 (1).

[22] 杜晓山. 当前农村金融存在四大问题 [EB/OL]. 2010 年 11 月 2 日. http: //www. qstheory. cn/jj/jsshzyxnc/201011/t20101102_54998. htm.

[23] 杜晓山. 农村金融体系框架、农村信用社改革和小额信贷 [J]. 中国农村经济, 2002 (8): 100 – 101.

[24] 樊瑞莉. 我国农村非正规金融的成因及其演化路径 [J]. 江苏农业科学, 2011 (39): 522 – 524.

[25] 方文豪. 农户资金借贷特征及其影响因素分析——基于永康市 5 个村庄的调查 [D]. 浙江大学硕士论文, 2005.

[26] 费孝通. 乡土中国 [M]. 上海: 三联书店, 1948.

[27] 冯兴元. 温州市苍南县农村中小企业融资调查报告 [J]. 管理世界, 2004 (9): 53 – 66.

[28] 冯飞等. 对我国工业化发展阶段的判断 [EB/OL]. 2012 年 8 月 1 日. http: //chinado. cn/ReadNews. asp? NewsID = 2734.

[29] 高敏和耿柳娜. 农村经济结构二元化条件下的农民分化: 基于二十个村庄的调查研究 [J]. 山西财经大学学报, 2007 (1): 85 – 87.

[30] 高艳. 我国农村非正规金融的绩效分析 [J]. 金融研究, 2007 (12): 242 – 246.

[31] 高云才, 冯华. 我国农民收入增幅连续三年超过城镇居民收入增幅 [EB/OL]. 2012 年 12 月 22 日。http: //www. gov. cn/jrzg/2012 – 12/22/content_2296217. htm.

[32] 谷洪波, 李茜. 我国农村非正规金融组织的绩效分析及政策选择 [J]. 西安财经学院学报, 2010 (1): 81 – 84.

[33] 谷洪波, 王文涛. 农村金融支持效率的缺损及优化 [J]. 经济体制改革, 2007 (2): 92 – 98.

[34] 顾海峰. 我国现代农村金融服务体系组织建构研究 [J]. 河南金融管理干部学院学报, 2009 (1).

[35] 官兵. 企业家视野下的农村正规金融与非正规金融 [J]. 金融

研究，2005（10）.

[36] 郭梅亮，徐璋勇. 分工演进、交易效率与中国农村非正规金融组织变迁［J］. 制度经济学研究，2010（3）：33 - 52.

[37] 郭沛. 中国农村非正规金融规模估算［J］. 中国农村观察，2004（2）：21 - 25.

[38] 郭翔宇等. 中国农业与农村经济发展前沿问题研究［M］. 北京：中国农业出版社，2007.

[39] 国家统计局. 中国统计年鉴 2012［M］. 北京：中国统计出版社，2012.

[40] 韩俊等. 信贷约束下农户借贷需求行为的实证研究［J］. 农业经济问题，2007（2）44 - 52.

[41] 韩心灵. 安徽省建立现代农村金融制度的思考［J］. 江淮论坛，2010（2）：36 - 39.

[42] 何广文，冯兴元. 农户信贷、农村中小企业融资与农村金融市场［M］. 北京：中国财政经济出版社，2005.

[43] 何广文，李莉莉. 正规金融机构小额信贷运行机制及其绩效评价［M］. 北京：中国财政经济出版社，2005.

[44] 何广文. 从农村居民资金借贷行为看农村金融抑制与金融深化［J］. 中国农村经济，1999（10）：42 - 48.

[45] 何广文等. 中国农村金融发展与制度变迁［M］. 北京：中国财政经济出版社，2005.

[46] 何军等. 农户民间借贷需求及影响因素实证分析——基于江苏省 390 户农户调查数据分析［J］. 南京农业大学学报（社会科学版），2005（4）：20 - 24.

[47] 贺力平. 克服金融机构与中小企业之间的不对称信息障碍［J］. 改革，1999（2）：34 - 38.

[48] 贺力平. 合作金融发展的国际经验及对中国的借鉴意义［J］. 管理世界，2002（1）.

[49] 贺莎莎. 农户借贷行为及其影响因素分析 以湖南省花岩溪村为例［J］. 中国农村观察，2008（1）：39 - 50.

[50] 洪银兴. 工业和城市反哺农业、农村的路径研究——长三角地

区实践的理论 [J]. 经济研究，2007（8）：13－20.

[51] 洪银兴. 发展经济学与中国经济发展（第二版）[M]. 北京：高等教育出版社，2005.

[52] 洪银兴. 转型经济学 [M]. 北京：高等教育出版社，2008.

[53] 洪银兴. 二元结构的现代化和社会主义新农村建设 [J]. 江苏行政学院学报，2007（1）：46－52.

[54] 侯英. 激励相容约束条件下邮政储蓄资金回流农村机制设计 [J]. 黑龙江金融，2011（12）：26－28.

[55] 胡金焱，李永平. 农村金融的边缘化与制度创新 [J]. 广东社会科学，2005（3）.

[56] 胡金焱，李永平. 正规金融与非正规金融比较成本优势与制度互补 [J]. 东岳论丛，2006（7）.

[57] 胡金焱，卢立香. 中国非正规金融研究的理论综述 [J]. 教学与研究，2005（9）.

[58] 胡金焱，孟庆平. 非正规金融活动国际经验及启示 [J]. 改革，2005（9）.

[59] 胡金焱，张乐. 非正规金融与小额信贷：一个理论述评 [J]. 金融研究，2004（7）：123－131.

[60] 胡延华. 重塑二元金融结构下的农村金融 [J]. 特区经济，2006（10）.

[61] 胡燕京，张娜. 对中国农村正规金融低效问题的实证分析 [J]. 云南财贸学院报，2006（4）.

[62] 黄文胜. 基于不完全契约理论的农村非正规金融履约机制研究 [J]. 生态经济，2010（6）：56－59.

[63] 黄云鹏. 农业经营体制和专业化分工——兼论家庭经营与规模经济之争 [J]. 农业经济问题，2003（6）：50－55.

[64] 黄志豪. 农村金融服务平台建设：广东郁南案例 [J]. 南方金融，2010（11）：18－20.

[65] 黄宗智，彭玉生. 三大历史性变迁的交汇与中国小规模农业的前景 [J]. 中国社会科学，2007（4）：74－88.

[66] 黄宗智. 长江三角洲小农家庭与乡村发展 [M]. 北京：中华书

局，1990：85 - 91.

[67] 黄祖辉，俞宁. 新型农业经营主体：现状、约束与发展思路——以浙江省为例的分析 [J]. 中国农村经济，2010 (10)：16 - 26.

[68] 黄祖辉等. 贫困地区农户正规信贷市场低参与程度的经验解释 [J]. 经济研究，2009 (4)：116 - 128.

[69] 贾澎等. 基于农业产业化视角的农户融资行为分析——河南省农民金融需求的调查 [J]. 财经问题研究，2011 (2)：95 - 101.

[70] 江曙霞等. 信贷配给理论与民间金融的利率 [J]. 农村金融研究，2003 (7).

[71] 江曙霞等. 中国民间信用——社会·文化背景探析 [M]. 北京：中国财政经济出版社，2003.

[72] 姜长云等. 农村中小企业的融资情况、资金来源及政策需求 [J]. 农村经济，2010 (11)：3 - 6.

[73] 姜旭朝，丁昌锋. 民间金融理论分析：范畴、比较与制度变迁 [J]. 金融研究，2004 (8).

[74] 姜旭朝. 中国民间金融研究 [M]. 济南：山东人民出版社，1996.

[75] 姜雅莉，张祖庆. 关中陕北农村民间借贷情况调查研究 [J]. 安徽农业科学，2006 (2)：383 - 385.

[76] 姜作培. 论农村经济结构调整的资金投入机制 [J]. 经济纵横，2001 (7)：17 - 21.

[77] 蒋永穆，戴中亮. 双重二元经济结构下的城乡统筹发展 [J]. 教学与研究，2005 (10)：22 - 29.

[78] 金雪军. 从温州看民间金融与主体金融体系 [J]. 杭州金融研究学院学报，2001 (3)：22 - 27.

[79] 鞠荣华等. 我国农村金融市场资金供求关系分析 [J]. 中国农业大学学报，2009 (48).

[80] 阚景阳. 二元金融结构背景下的现代农村金融体系建设分析 [J]. 长白学刊，2010 (1)：120 - 122.

[81] 科斯，诺斯等. 财产权利与制度变迁 [M]. 上海：上海三联书店，1994.

［82］雷蒙德·戈德史密斯.金融结构与发展［M］.北京：中国社会科学出版社，1969.

［83］黎翠梅.我国农村资金供给的区域差异及其对农村经济增长影响的实证研究［D］.中南大学博士学位论文，2009.

［84］黎东升，史清华.湖北监利县农户家庭储蓄与借贷行为的实证分析［J］.湖北农学院学报，2003（3）：196–201.

［85］李光.中国农村投融资体制改革研究［M］.北京：中国财政经济出版社，2005.

［86］李宏伟，李永禄.协调正规金融与非正规金融是重构农村金融体系的重要选择［J］.中国金融，2008（23）：68–69.

［87］李建英.试论农村金融的需求主体［J］.农村经济，2005（9）：84–86.

［88］李建民.论农业结构调整与农村投融资体制改革［J］.农业经济问题，2000（6）：15–21.

［89］李江，张莉.聚焦农村金融［J］.中国国情国力，2006（10）.

［90］李敬等.中国农村金融的功能定位与组织体系构建——基于需求变动视角［J］.江西财经大学学报，2010（4）：75–79.

［91］李静霞.中国二元经济演化进程分析［J］.财经研究，2001（8）：35–39.

［92］李鹏飞，郑江淮.金融发展理论的经验证据［J］.经济理论与经济管理，2003（11）.

［93］李锐，李宁辉.农户借贷行为及其福利效果分析［J］.经济研究，2004（12）.

［94］李树生、何广文等.中国农村金融创新研究［M］.北京：中国金融出版社，2008（12）.

［95］李伟毅，胡士华.农村民间金融：变迁路径与政府的行为选择［J］.农业经济问题，2004（11）.

［96］李勇等.关于完善农村金融制度加大对“三农”金融支持若干问题的思考［J］.金融研究，2005（11）：1–10.

［97］李元华.论优化农民融资环境与农村微观经济主体创新［J］.经济纵横，2005（1）：45–47.

[98] 梁邦海. 我国农村金融市场及其效率研究 [D]. 西北农林科技大学博士学位论文, 2009.

[99] 林毅夫, 刘明兴. 中国的经济增长收敛与收入分配 [J]. 经济研究, 2003 (8).

[100] 林毅夫, 孙希芳. 信息、非正规金融与中小企业融资 [J]. 经济研究, 2005 (7): 35 – 44.

[101] 林毅夫. 中国的农业信贷和农场绩效 (1989), 载于《再论制度、技术与中国农业发展》[M]. 北京: 北京大学出版社, 2000.

[102] 林毅夫等. 经济发展中的最优金融结构理论初探 [J]. 经济研究, 2009 (8): 4 – 15.

[103] 刘林等. 农村金融信息不对称问题解决方案探析 [J]. 市场周刊 (理论研究), 2006 (11): 8 – 9.

[104] 刘莉亚等. 农户融资现状及其成因分析——基于中国东部、中部、西部千社万户的调查 [J]. 中国农村观察, 2009 (3): 2 – 10.

[105] 刘文杰和付兆法. 东西部地区农户资金借贷特征的对比调查——以西安地区与济南地区为例 [J]. 银行家, 2012 (11).

[106] 刘民权等. 信贷市场中的非正规金融 [J]. 世界经济, 2003 (7).

[107] 刘明等. 西部贫困农村经济机会、关系型融资与农贷配给——基于对陕西、青海 1138 户调查数据 [J]. 陕西师范大学学报 (哲学社会科学版), 2012 (4): 102 – 112.

[108] 刘易斯. 经济增长理论 [M]. 上海: 上海三联出版社, 1990年: 43 – 45.

[109] 刘西川等. 贫困地区农户的正规信贷需求: 直接识别与经验分析 [J]. 金融研究, 2009 (4): 36 – 51.

[110] 刘旭华. 二元结构西北地区农村金融市场分析 [J]. 西安金融, 2004 (9).

[111] 柳松, 程昆. 农村非正规金融的生成逻辑及其发展趋势研究 [J]. 广西金融研究, 2005 (8): 36 – 39.

[112] 卢山, 江可申. 农户金融服务认知、融资需求与借贷行为研究——基于连云港市农村金融的多维分析 [J]. 农村金融研究, 2010

(4)：74－78.

[113] 卢亚娟，褚保金. 农村中小企业融资影响因素分析 [J]. 经济学动态，2009（8）：42－45.

[114] 罗必良. 农村经营规模的效率决定 [J]. 中国农村观察，2000（5）：18－24.

[115] 罗党论等. 非正规金融发展、信任与中小企业互助融资机制——基于温州苍南新渡村互助融资的实地调查 [J]. 南方经济，2011（5）：28－42.

[116] 罗纳德·麦金农（1973）. 经济发展中的货币与资本（中译本）[M]. 上海：上海三联书店，1997.

[117] 马晓青等. 信贷需求与融资渠道偏好影响因素的实证分析 [J]. 中国农村经济，2012（5）：65－76.

[118] 马勇，陈雨露. 农村金融中的政府角色：理论诠释与中国的选择 [J]. 经济体制改革，2009（4）：86－91.

[119] 穆争社. 农村信用社改革政策设计理念 [M]. 北京：中国金融出版社，2006.

[120] 宁新田. 我国农业现代化路径研究 [D]. 中共中央党校博士学位论文，2010.

[121] 牛荣. 陕西省农户借贷行为研究 [D]. 西北农林科技大学博士论文，2013.

[122] 潘朝顺，傅波. 中国农村金融市场实证分析 [J]. 经济论坛，2005（12）.

[123] 潘朝顺. 中国农村正规金融局部性浅化研究 [J]. 中国农业大学学报，2005（2）.

[124] 彭建刚，王修华. 信息不对称与地方中小金融机构发展的内在关联性研究 [J]. 商业经济与管理，2005（11）：57－62.

[125] 彭兴韵. 中国体制外资本市场分析 [J]. 中国社会科学院研究生院学报，2002（2）：88－96.

[126] 蒲祖河. 中介化——提高民间资本配置效率的有效方法 [J]. 财贸经济，2005（5）：28－30.

[127] 祁春节，赵玉. 基于交易效率、分工和契约选择视角的农民增收问题研究 [J]. 经济评论，2009（5）：68－75.

[128] 恰亚诺夫. 农民经济组织 [M]. 北京: 中央编译出版社, 1996.

[129] 钱水土、俞建荣. 中国农村非正规金融与农民收入增长研究 [J]. 金融研究, 2007 (5).

[130] 钱水土. 我国农村金融体制三十年 [J]. 改革的回顾与展望, 2004 (61): 99 - 100.

[131] 钱水土. 中国农村非正规金融与农户融资行为研究——基于浙江温州农村地区的调查分析 [J]. 东亚论文, 2008 (62).

[132] 钱彦敏. 农业投入中资本形成的困境 [J]. 经济科学, 1991 (1): 12 - 16.

[133] 乔海曙. 农村经济发展中的金融约束及解除 [J]. 农业经济问题, 2001 (3).

[134] 青木昌彦. 政府在东亚经济发展中的作用: 比较制度分析 [M]. 北京: 中国经济出版社, 1998.

[135] 冉光和等. 中国金融发展与经济增长关系的区域差异——基于东部和西部面板数据的检验和分析 [J]. 中国软科学, 2006 (2): 102 - 110.

[136] 人民银行南昌中心支行课题组. 对江西省民间借贷情况的调查与思考 [J]. 金融与经济, 2004, (4): 39 - 41.

[137] R·科斯等. 财产权利与制度变迁——产权学派与新制度学派译文集 [M]. 上海: 上海三联书店, 1991.

[138] 邵传林. 农村非正规金融的微观机理与政策测度: 国外文献评述 [J]. 经济评论, 2011 (4): 150 - 160.

[139] 邵传林. 农村非正规金融转型中的制度创新——以富平小额贷款公司为例 [J]. 中南财经政法大学学报, 2011 (5): 108 - 116.

[140] 邵传林. 农户偏好农村非正规金融的动因: 理论模型与经验证据 [J]. 上海经济研究, 2012 (2): 77 - 84.

[141] 邵昱等. 国内外农村市场经营主体培育文献综述 [J]. 中共成都市委党校学报, 2010 (4): 40 - 47.

[142] 沈坤荣等. 金融发展与中国经济增长: 基于跨地区动态数据的实证研究 [J]. 管理世界, 2004 (7): 15 - 21.

[143] 沈国琴. 宁夏农村金融体系改革创新模式及成功经验 [J]. 中共银川市委党校学报, 2011 (6): 55 – 57.

[144] 史晋川, 叶敏. 制度扭曲环境中的金融安排: 温州案例 [J]. 经济理论与经济管理, 2001 (1).

[145] 史晋川等. 中小金融机构与中小企业发展研究——以浙江温州、台州地区为例 [M]. 杭州: 浙江大学出版社, 2003.

[146] 史清华等. 农户家庭储蓄借贷行为的实证分析——以湖北监利县户调查为例 [J]. 四川大学学报 (哲学社会科学版), 2005 (2).

[147] 史清华等. 沿海与内地农户家庭储蓄借贷行为比较研究——以晋浙两省1986~2000年固定跟踪观察的农户为例 [ ]. 中国农村观察, 2004 (2): 26 – 33.

[148] 宋春光, 那娜. 农村金融支持对农业技术效率影响的实证研究 [J]. 学术交流, 2010 (2): 92 – 98.

[149] 宋宏谋. 中国农村金融发展问题研究 [M]. 太原: 山西经济出版社, 2003.

[150] 苏士儒等. 农村非正规金融发展与金融体系建设 [J]. 金融研究, 2006 (5).

[151] 孙莉. 我国非正规金融产生的内在性及其正规化 [J]. 贵州财经学院学报, 2005 (2): 28 – 32.

[152] 孙岩. 中国农村非正规金融演进研究 [D]. 辽宁大学博士毕业论文, 2010.

[153] 孙颖, 林万龙. 市场化进程中社会资本对农户融资的影响——来自CHIPS的证据 [J]. 农业技术经济, 2013 (4): 26 – 34.

[154] 孙志娟, 何惠珍. 我国农村金融体系改革的嬗变及路径选择 [J]. 学术交流, 2011 (9): 120 – 123.

[155] 孙保菅. 国外农村金融支持农村建设与发展的经验和启示 [J]. 当代经济, 2008 (19): 44 – 45.

[156] 孙祈祥, 锁凌燕. 中国保险业: 对外开放的成就、经验及面临的新问题 [M]. 中国保险业对外开放与创新发展高级研讨会论文汇编, 中国保险学会、金融时报社, 2004年12月10日, 第143页.

[157] 谈儒勇. 中国金融发展与经济增长关系的实证研究 [J]. 经济

研究，1999（10）：53 – 61.

[158] 谈儒勇. 需求领先型金融发展的微观机理研究 [J]. 上海财经大学学报，2004（1）：13 – 19.

[159] 谭露，黄明华. 基于交易费用视角下我国农村金融弱化问题研究 [J]. 金融经济，2009（10）：92 – 93.

[160] 唐颖. 非对称信息理论与农村信贷市场 [J]. 金融理论与实践，2006（8）：9 – 12.

[161] 托达罗. 经济发展 [M]. 陶文达译，北京：中国经济出版社，1999：189 – 203.

[162] 杨奕. 中国农村金融制度创新研究 [D]. 中共中央党校博士学位论文，2009.

[163] 汪三贵，杨颖. 贫困地区农户的信贷状况及其变化 [J]. 农业经济与科技发展研究（2003）[C]. 北京：中国农业出版社，2004.

[164] 汪三贵. 贫困农户信贷资金的供给与需求 [M]. 北京：中国农业出版社，2001.

[165] 汪时珍. 农村信贷失衡、非正式信贷市场与垂直联结 [J]. 经济社会体制比较，2006（5）.

[166] 王朝才. 根据农户不同需求完善多层次现代农村金融服务体系 [J]. 经济研究参考，2011（18）：25.

[167] 王芳，罗剑朝. 农户金融需求影响因素及其差异性——基于 Probit 模型和陕西 286 户农户调查数据的分析 [J]. 西北农林科技大学学报（社会科学版），2012（6）：61 – 69.

[168] 王芳. 我国农村金融需求与农村金融制度：一个理论框架 [J]. 金融研究，2005（4）：89 – 97.

[169] 王国红. 农村非正规金融的履约机制综述 [J]. 湖北经济学院学报，2007（1）：54 – 59.

[170] 王虎，范从来. 金融发展与农民收入影响机制的研究：来自中国 1980 – 2004 年的经验证据 [J]. 经济科学，2005（6）：11 – 21.

[171] 王隽. 信息不对称对农村信用社贷款的影响 [J]. 南方金融，2004（3）：37 – 38.

[172] 王朗玲. 二元金融结构及其对经济的影响 [J]. 求是学刊，

1994 (4)：34 – 37.

[173] 王丽萍，霍学喜．西部地区农户借贷行为及其制约因素分析 [J]．商业研究，2007 (01)：25 – 30.

[174] 王曙光．现代农村金融制度的内涵与未来农村金融改革趋势 [J]．中共中央党校学报，2008 (6)：30 – 31.

[175] 王曙光，王东宾．双重二元金融结构、农户信贷需求与农村金融改革——基于 11 省 14 县市的田野调查 [J]．财贸经济，2011 (5)：38 – 45.

[176] 王颂吉，白永秀．中国传统型农户信贷需求与供给分析——基于传统型农户特殊性的视角 [J]．福建论坛（人文社会科学版），2011 (5)：21 – 26.

[177] 王文莉，罗新刚．农村信用社支农服务问题及其改革路径研究 [J]．宏观经济研究，2013 (11)：60 – 68.

[178] 王修华．我国二元经济转换中的金融结构研究 [D]．湖南大学博士学位论文，2008.

[179] 王志强、孙刚．中国金融发展规模、结构、效率与经济增长关系的经验分析 [J]．管理世界，2003 (7).

[180] 王自力．农村金融供给的制度性缺陷 [J]．经济研究参考，2007 (66)：29.

[181] 温涛等．中国金融发展与农民收入增长 [J]．经济研究，2005 (9).

[182] 温铁军．农户信用与民间借贷研究——课题主报告 [EB/OL]．2001 年 6 月 7 日．http：//forum50. cei. gov. cn/newwork/cyfx_wtj_2001/06/07/html.

[183] 吴杰．中小企业关系型贷款：银行组织结构视角的分析 [J]．财经问题研究，2006 (5)：48 – 54.

[184] 吴少新，王国红．中国农村非正规金融的履约机制与管制政策研究 [J]．财贸经济，2007 (7)：30 – 34.

[185] 武剑．货币政策与经济增长 [M]．上海：三联出版社，2000.

[186] 向国成．小农经济效率改进论纲：超边际经济学之应用研究 [J]．社会科学战线，2005 (4)：75 – 86.

［187］项继权，操家齐．中国农村金融需求及供给现状——基于全国29省市（自治区）抽样调查的分析［J］．湖湘"三农"论坛，2011：500－505.

［188］谢冬水，黄少安．中国历史上永佃制与小农经济的延续——中国农业农场化经营的思考［J］．江西财经大学学报，2011（2）：89－95.

［189］谢康，乌家培．阿克洛夫、斯彭斯和斯蒂格利茨论文精选［M］．北京：商务印书馆，2002.

［190］谢平．中国农村信用合作社体制改革的争论［J］．金融研究，2001（1）.

［191］谢平，徐忠，沈明高．农村信用社改革绩效评价［J］．金融研究，2006（1）：23－39.

［192］谢勇．中国农村居民储蓄率的影响因素分析［J］．中国农村经济，2011（1）：77－87.

［193］谢玉梅．农户借贷约束与供求缺口弥补路径分析［J］．中国社会科学院研究生院学报，2006（7）：49－52.

［194］熊建国．中国农户融资的现状分析与民间金融——来自江西省上饶市的个案调查与思考［J］．中国农村经济，2006（3）.

［195］辛翔飞，秦富．影响农户投资行为因素的实证分析［J］．农业经济问题，2005（10）：34－40.

［196］熊学萍等．农户金融行为、融资需求及其融资制度需求指向研究——基于湖北省天门市的农户调查［J］．金融研究，2007（8）：167－181.

［197］徐军辉．非正规金融的非理性繁荣［J］．广西社会科学，2012（9）：55－58.

［198］徐祥临，魏丽莉．尤努斯模式与郁南模式之比较［J］．农村经济，2012（7）：3－6.

［199］徐笑波等．中国农村金融的变革与发展（1978~1990）［M］．北京：当代中国出版社，1994.

［200］徐璋勇，郭梅亮．转型时期农村非正规金融生成逻辑的理论分析——兼对农村二元金融结构现象的解释［J］．经济学家，2008（5）：68－76.

[201] 徐璋勇，王红莉．基于农户金融需求视角的金融抑制问题研究——来自陕西 2098 户农户调研的实证研究 [J]．西北大学学报（哲学社会科学版），2009（5）：47 – 54．

[202] 徐志勇．论新型农村合作经济组织创新的实践维度——基于金融支持农民专业合作社的视角 [J]．江汉论坛，2012（11）：10 – 14．

[203] 许月丽，张忠根．农村正规金融发展与经济二元转型：促进抑或抑制？[J]．财经研究，2013（4）：4 – 12．

[204] 薛薇，谢家智．农户借贷约束、金融机构效率与农村金融制度结构演进 [J]．农村经济，2010（11）：56 – 59．

[205] 薛菁．中小企业融资支持中政府与市场行为有效性边界探讨 [J]．2013（4）：46 – 49．

[206] 杨丹，刘自敏．农民经济组织、农业专业化和农村经济增长——来自中国 2445 个村庄的证据 [J]．社会科学战线，2011（5）：64 – 70．

[207] 杨德平．农村金融新范式研究 [J]．经济学动态，2010（12）：70 – 74．

[208] 杨国川．政府对农村金融支持的国际比较研究 [J]．国际经贸探索，2009（6）：42 – 46．

[209] 杨焕玲，孙志亮．我国农村非正规金融问题研究 [J]．石河子大学学报（哲学社会科学版），2007（1）：47 – 49．

[210] 杨莲娜．当前农村非正式金融的运行状况及发展前景 [J]．财经科学，2005（4）：129 – 134．

[211] 杨农，匡桦．隐性约束、有限理性与非正规金融的扩张边界 [J]．国际金融研究，2013（6）：88 – 96．

[212] 杨卫东．新形势下农村金融外部监管如何加强新形势下农村金融外部监管如何加强 [EB/OL]．http://www.cs.com.cn/yh/04/200710/t20071018_1223886.htm．

[213] 杨育民．农村金融制度缺失及其补偿 [J]．中国农村观察，2006（2）：57 – 63．

[214] 姚耀军，陈德付．中国农村非正规金融的兴起理论及其实证研究 [J]．中国农村经济，2005（8）．

[215] 姚耀军．中国农村金融改革绩效评价 [J]．江苏社会科学，

2006 (1).

[216] 姚耀军. 转轨经济中的农村金融管制与放松管制 [J]. 财经科学, 2005 (6).

[217] 姚耀军, 李明珠. 中国金融发展的反贫困效应: 非经济增长视角的实证检验 [J]. 上海财经大学学报, 2014 (2).

[218] 叶敬忠等. 社会学视角的农户金融需求与农村金融供给 [J]. 中国农村经济, 2004 (8): 31 - 37.

[219] 叶兴庆. 论我国农村金融抑制与金融深化 [J]. 当代金融导刊, 1998 (3).

[220] 殷俊华. 金融缺口、非正规金融与农村金融制度改革 [J]. 金融研究, 2006 (8): 103 - 110.

[221] 于丽红. 中国农村二元金融结构研究 [D]. 沈阳农业大学博士学位论文, 2008.

[222] 云鹤等. 金融效率与经济增长 [J]. 经济学 (季刊), 2012 (2): 595 - 609.

[223] 张兵等. 农村非正规金融市场需求主体分析——兼论新型农村金融机构的市场定位 [J]. 南京农业大学学报 (社会科学版), 2013 (2): 42 - 49.

[224] 张恒, 张萌. 我国农村非正规金融组织的生存与发展 [J]. 西南金融, 2010 (5).

[225] 张红宇. 中国农村金融组织体系绩效、缺陷与制度创新 [J]. 中国农村观察, 2004 (2).

[226] 张宏宇. 现阶段农村金融组织体系的功能缺陷 [N]. 中国经济时报, 2004 年 5 月 31 日.

[227] 张惠茹. 农村金融市场效率缺口的估算及原因分析 [J]. 闽江学院学报, 2007 (6): 98 - 103.

[228] 张建华等. 非正规金融、制度变迁与经济增长: 一个文献综述 [J]. 改革, 2004 (3).

[229] 张建军等. 从民间借贷到民营金融: 产业组织与交易规则 [J]. 金融研究, 2002 (10).

[230] 张杰. 中国金融制度的结构与变迁 [M]. 太原: 山西经济出

版社，1998.

[231] 张杰. 中国体制外增长中的金融安排 [J]. 经济学家，1999
（2）：38－43.

[232] 张杰. 中国农村金融制度结构、变迁与政策 [M]. 北京：中
国人民大学出版社，2003.

[233] 张杰，尚长风. 我国农村正式与非正式金融的分离与融合 [J].
经济体制改革，2006（4）.

[234] 张靖霞. 我国农村非正规金融制度演进路径探析：基于需求视
角的解释 [J]. 中国农业银行武汉培训学员学报，2007（6）：44－46.

[235] 张龙耀. 中国农村信贷市场失灵与创新路径研究——基于信息
不对称的视角 [D]. 南京农业大学博士学位论文，2010.

[236] 张军. 储蓄差异及贷款需求的满足——一个经济外向型村庄农
户金融活动分析 [J]. 中国农村观察，2000（3）：12－22.

[237] 张茉楠. 民间借贷乱象倒逼中国金融改革 [N]. 经济参考报，
2011 年 9 月 22 日.

[238] 张庆文等. 超越"基本需求"的农户借贷行为——对宁夏一
个村庄的田野考察 [J]. 农村经济，2008（3）：58－61.

[239] 张曙光. 按照市场化的要求推进金融改革和调整货币政策 [J].
金融研究，1996（5）.

[240] 张友俊，文良旭. 交易、契约机制与自律：合水县民间借贷个
案研究 [J]. 金融研究，2002（4）：125－130.

[241] 张震宇等. 非公有制经济下区域性金融风险及其管理：温州个
案研究 [J]. 金融研究，2002（2）.

[242] 张祖荣. 当前我国农业保险发展的主要问题及对策建议 [J].
河北农业大学学报（农林教育版），2006（3）.

[243] 张瑞娟，李雅宁. 农村中小企业正规金融机构融资充分性实证
分析：基于四县农村中小企业问卷调查数据 [J]. 农业技术经济，2011
（4）：103－111.

[244] 张胜林等. 交易成本与自发激励：对传统农业区民间借贷的调
查 [J]. 金融研究，2002（2）：125－134.

[245] 张晓辉. 农村新型农民专业合作经济组织发展研究 [J]. 学术

交流, 2007 (9): 117 - 120.

[246] 张晓山, 何安耐. 农村金融转型与创新——关于合作基金会的思考 [M]. 太原: 山西经济出版社, 2002: 177 - 181.

[247] 章奇等. 中国金融中介与城乡收入差距 [J]. 中国金融学, 2004 (1).

[248] 赵丙奇. 农户民间借贷信贷配给: 来自 600 农户融资的实证考察 [J]. 社会科学战线, 2010 (4): 65 - 71.

[249] 赵建梅, 刘玲玲. 信贷约束与农户非正规金融选择 [J]. 经济理论与经济管理, 2013 (4): 33 - 42.

[250] 赵振宗. 正规金融非正规金融对家户福利的影响——来自中国农村的证据 [J]. 经济评论, 2011 (4): 89 - 95.

[251] 赵志华等. 内蒙古地区金融效率及其对经济增长支持的实证研究 [J]. 金融研究, 2005 (6): 145 - 153.

[252] 中国金融学会. 中国金融年鉴 [M]. 北京: 中国金融年鉴编辑部, 2009.

[253] 中国金融学会. 中国金融年鉴 [M]. 北京: 中国金融年鉴编辑部, 2010.

[254] 中国人民银行阜阳市支行课题组. 转型中的融资便利: 非正规金融的比较优势及经济效应 [J]. 金融研究, 2005 (12): 152 - 160.

[255] 中国人民银行农村金融服务研究小组. 中国农村金融服务报告 2010 [M]. 中国金融出版社, 2011 年第 1 版: 9 - 68.

[256] 钟春平等. 信贷约束、信贷需求与农户借贷行为: 安徽的经验证据 [J]. 金融研究, 2010 (11): 189 - 204.

[257] 周立, 周向阳. 中国农村金融体系的形成与发展逻辑 [J]. 经济学家, 2009 (8): 22 - 30.

[258] 周立. 农村金融市场四大问题及其演化逻辑 [J]. 财贸经济, 2007 (2): 56 - 65.

[259] 周妮笛. 农村基于农户借贷需求的农村金融改革研究 [J]. 当代经济, 2010 (11): 26 - 27.

[260] 周曙东等. 农村信用社改革的几点思考与设想 [J]. 金融研究, 2004 (11): 91 - 99.

[261] 周天芸，李杰. 农户借贷行为与中国农村二元金融结构的经验研究 [J]. 世界经济, 2005 (11).

[262] 周天芸. 中国农村二元金融结构研究 [M]. 广州: 中山大学出版社, 2004.

[263] 周子衡. 金融管制的确立及其变革 [M]. 上海: 上海人民出版社, 2005 年: 65 - 78.

[264] 周脉伏等. 信息成本、不完全契约与农村金融机构设置——从农户融资的视角分析 [J]. 中国农村观察, 2004 (5).

[265] 朱德林和胡海鸥. 中国的灰黑色金融 [M]. 上海: 立信会计出版社, 1997.

[266] 朱守银等. 中国农村金融市场供给和需求——以传统农区为例 [J]. 管理世界, 2003 (3): 88 - 95.

[267] 朱喜等. 信誉、财富与农村信贷配给——欠发达地区不同农村金融机构的供给行为研究 [J]. 财经研究, 2009 (8): 4 - 13.

[268] 朱信凯，刘刚. 二元金融体制与农户消费信贷选择: 对合会的解释与分析 [J]. 经济研究, 2009 (2): 43 - 54.

[269] 朱信凯，刘刚. 非正规金融缓解农户消费信贷约束的实证分析 [J]. 经济理论与经济管理, 2007 (4): 45 - 49.

[270] 朱学新. 家庭农场是苏南农业集约化经营的现实选择 [J]. 农业经济问题, 2006 (12): 39 - 43.

[271] 祝健. 中国农村金融体系重构研究 [D]. 福建师范大学博士学位论文, 2007.

[272] 庄慧彬. 中国农村金融发展中的制度供求失衡问题研究 [D]. 吉林大学博士学位论文, 2008.

[273] 左臣明等. 正规金融与非正规金融关系研究综述 [J]. 农业经济导刊, 2006 (4).

[274] 左臣明. 我国非正规金融研究 [J]. 中国农业银行武汉培训学院学报, 2006 (1).

后　　记

　　本书是在我的博士论文《现代化进程中的农村金融制度研究》基础上，经过加工、整理完成的。这一选题是在恩师洪银兴教授的悉心指导下，与导师进行多次斟酌后确定下来的。在岁月的流光中，我渐渐明白，学习其实真的是一件很有意思的事情。十多年前我来到南京大学，很幸运地成为这里的一名硕士研究生，从此以后，我就深深爱上了这座底蕴深厚的名校。我深爱南大，因为我觉得她特别像我的母亲，包容、宽厚、温馨，充满恬静和人文的气息，她给我指明了人生方向，培养了我接触经济学的兴趣，所以，我要非常感激我的这位"母亲"。

　　学术研究中往往有些"好事多磨"的现象。博士论文的写作过程就像人生的一次洗礼，需要经历每天分分秒秒的磨炼，让精神深深浸泡在国内外大量的文献中，最后才能探索出属于自己的东西。因此，从写作到出版，虽然为此付出了不少艰辛，得出了初步的研究成果，但研究的道路并不平坦，希望通过不懈的努力弥补其中的缺憾。

　　在本书出版之际，我首先要特别感谢我的恩师洪银兴教授，因为他的鼓励、宽容、睿智、学识渊博，使我有机会报考于洪老师的门下。进入师门后，洪老师多次给我们同学授课，课堂上同学之间的激烈辩论和洪老师高屋建瓴的点拨，把我们带到了经济学前沿，让我们如醍醐灌顶，对经济学的博大精深有了更多的理解。在洪老师的指导下，我开始学习毕业论文的选题技巧，经过不断地筛选和调整，我终于找到了合适的论题。记得洪老师在选题时曾经跟我讲过，选题要体现前瞻性和可行性。这一点我已经体会良多。进入写作阶段后，洪老师又倾注了大量心血，对我论文的每一稿基本上都是逐字逐句地修改，而且指导每一稿的写作布局、方式及内容选择时，都是那么的耐心细致。虽然毕业论文数易其稿，但在洪老师的悉心引导和点拨下，我在相关文献的查阅、搜集、整理和归类工作等方面都做得比较充分和全面，写作能力获得了很大提高，最终形成了现有的论文框架。我始终记得洪老师有句至理名言，即"认认真真做事，踏踏实实做人"。当我在学习或工作上比较累，有偷懒的倾向时，洪老师的这句名言就会在我耳边响起，鼓励我在人生道路上继续奋进。所以，深深师恩，我将永志不忘。

在南京大学读书期间，无论是硕士阶段，还是博士阶段，我都有幸地聆听过范从来教授、沈坤荣教授、郑江淮教授、刘志彪教授、尚长风教授、黄繁华教授、葛扬教授、安同良教授、梁东黎教授、刘东教授、孙宁华副教授等各位老师的授课，他们的教诲给了我创作的灵感和火花。我将倍感珍惜各位老师的恩情。

每一次的同门相聚都给了我很多新的见解和思考，这其中不仅有学习交流，还有友情的沟通，与他们的交流给我的论文写作带来了思想的活力和克服困难的勇气。因此，我要感谢赵华、路瑶、吴清、赵怡虹、林海涛、季小立、王非、刘玄、龚传洲、魏向杰、胡建生、刘尧、俞金红、王必好、王丽媛、曹正偾、常振芳、黄浩杰、张建平等诸位同门好友。

感谢南京大学商学院图书资料室的李俊主任、王燕老师、陈娟老师，学习期间他们为我搜集资料和数据提供了很多便利。我还要感谢我们的辅导员温馨老师和教务员胡春妮老师等，有了她们日常的支持，我的博士阶段才会更加顺利。

博士学习期间，我有幸结识了很多同窗好友。感谢纪明、李子联、冯海华、周长富、张伟、黄向梅、顾元媛、何暑子、马卫红、贾春梅、王文莉、洪世勤等博士同学对我的无私关心和帮助。

日常的学习和工作离不开家中亲人的支持，没有他们的关怀和鼓励，我的毕业论文不会这么顺利完成。我要感谢年迈的父亲和告慰远在天堂的母亲，感谢他们给了我生活和学习的原动力。以前每一次提及他们，我都止不住泪流满面，深感愧疚和不孝。

我还要感谢我的爱人和儿子。博士论文写作期间，我的爱人吉万年总是尽他最大的努力承担了许多家务，帮我打印和整理文稿，每当我信心不足时鼓励我。我的儿子路扬很争气，不负众望成为我的校友，进入南京大学匡亚明学院学习。他们都以坚强乐观的精神鼓舞着我，让我每天都那么开开心心地生活和学习。

如果时光可以停留，我愿意永远生活在这美好的一刻。感谢所有让我心存感激的人！

谨以此书献给我的家人和一路相伴的朋友。

陆彩兰

2016 年 12 月 25 日